于之伟 李鹏 ◎ 主编
郑毅 ◎ 著

帝国的归宿

辽金西夏卷

中国华侨出版社
·北京·

图书在版编目（CIP）数据

帝国的归宿. 辽金西夏卷 / 郑毅著 .—北京：中国华侨出版社，2017.12

ISBN 978-7-5113-7243-7

Ⅰ.①帝… Ⅱ.①郑… Ⅲ.①中国历史—辽金时代—通俗读物②中国历史—西夏—通俗读物 Ⅳ.① K209

中国版本图书馆 CIP 数据核字（2017）第 297401 号

帝国的归宿. 辽金西夏卷

著　　者 / 郑　毅
责任编辑 / 高文喆　杨　宁
责任校对 / 高晓华
经　　销 / 新华书店
开　　本 / 880 毫米 × 1230 毫米　1/32　印张 / 9　字数 /190 千字
印　　刷 / 北京溢漾印刷有限公司
版　　次 / 2018 年 5 月第 1 版　2018 年 5 月第 1 次印刷
书　　号 / ISBN 978-7-5113-7243-7
定　　价 / 36.00 元

中国华侨出版社　北京市朝阳区静安里 26 号通成达大厦 3 层　邮编：100028
法律顾问：陈鹰律师事务所
编辑部：（010）64443056　　64443979
发行部：（010）64443051　　传真：（010）64439708
网　　址：www.oveaschin.com
E-mail：oveaschin@sina.com

序

钱穆先生说到中华文化的三个特点,一是历史悠久,二是不间断,三是记载详密。环顾全球,恐怕没有哪个民族如中华民族这样重视历史。中国可以说是世界上历史最为完备的国家。

学习历史的意义何在?我理解应该有三个层次:第一,了解我们的先人是如何生活、如何思考的;第二,了解我们的民族是如何发展、繁衍至今的;第三,从中摸索出一些规律,以推动和促进我们当下的生活。很多人在学生时代或多或少对历史都有一点恐惧心理,枯燥的时间地点,乏味的典章制度,为了应付各种考试,不得不死记硬背。但是,当我们积累了一些社会经验,增长了一些人生阅历之后,却会发现,生活中时时处处都有历史的影子在摇曳,那感觉似是而又非、真切而又恍惚,今天好像是昨天的重现,但却又与昨天有着完全不同的意义。这一切,驱动着你想去探寻,是什么造成了昨与今之间的同与不同,是什么导致了今与昨之进步与反动。这就是历史的魅力所在。

前辈学者阐释学习历史的态度时，特别指出，对于本国历史应该持有一种温情与敬意，应该有一种理解之同情。只有满怀温情与敬意、抱着理解之同情，才能同时摒弃妄自菲薄与狂妄自大，以一颗平常心去面对我们民族五千年的文明史，并从中有所收获。

新中国成立以前，人民受教育程度普遍偏低，普罗大众的历史知识主要来自两种通俗文艺形式——评书和戏剧。义务教育普及的今天，历史仍然是大众读物乃至大众娱乐的重要内容。充斥银幕的热播剧、各大图书排行榜上的畅销书，许多都是以历史为题材。另外，学者皓首穷经的研究成果，则很少有人问津。冷静一想，这种现象不仅发生在我们大陆，即便在今日之美国、日本以及中国的台湾、香港，也无不如此。在世界华人社会里，是陈寅恪的《柳如是别传》，还是金庸的《鹿鼎记》发行量大？同是"三国"，读《三国志》的有几人，《三国演义》却是家喻户晓。小说《三国演义》《鹿鼎记》乃至电视剧《三国演义》《鹿鼎记》等对培养青少年历史兴趣的功能不容忽视。回想我们这一代历史学者，有多少人是因为读《三国演义》《水浒传》而喜欢上历史并走上专业研究道路，又有多少人一开始就是捧读《史记》《资治通鉴》的？显然是前者。

因此，不必鄙视大众读物，不必轻视大众读物乃至影视作品对于唤起人们对历史、对历史学产生兴趣的作用。同时，不可否认的是，有些大众读物、影视作品粗制滥造，闹了很多令人啼笑皆非的笑话，造成了不良影响。

《帝国的归宿》丛书出版在即，中国华侨出版社的年轻朋友嘱我为这套通俗历史读物写一篇序言。丛书将"以史为鉴，可以知兴衰"作为选题宗旨，详述秦汉隋唐宋元明清等主要朝代的兴亡过程。粗读全稿，与一般历史读物相比似乎并无特别之处。细读之下，却感受到了其中的与众不同。丛书作者都是在科研、教育一线的青年史学工作者，他们秉持史学研究的科学方法，带着一份学术的尊严，投身大众读物创作，其热情与严谨洋溢于字里行间。全稿宏大叙事与历史细节并重，在正确的史学理论之下，从史料出发，切实做到了言必有据。特别难能可贵的是，不少作者将学界的新成果融会贯通，以普通读者喜闻乐见的方式进行传播和推广，这就是我们通常所说的科学普及工作。这一点在丛书的唐朝卷、元朝卷、明朝卷中都有很好的体现。

相信，这套丛书能够在众多大众历史读物中脱颖而出，得到广大读者的认可。

是为序。

方志远 丁酉秋九月望日

目　录

第一章　盛极而衰：辽朝中后期的内外政治

第一节　历史背景：契丹民族的崛起和辽王朝的建立 ... 003

第二节　母子恩怨：兴宗继位与钦哀后政变涉政 ... 006

第三节　腐败滋长与西北戍边的国力消耗 ... 010

第四节　辽宋重熙增币 ... 017

第五节　征讨西夏的失败 ... 021

第二章　道宗朝的内乱与辽朝社会危机的爆发

第一节　叔侄反目：重元叛乱 ... 027

第二节　耶律乙辛擅权 ... 031

第三章　女真南侵和天祚帝败亡

第一节　天祚帝即位与女真兴起 ... 039

第二节 阿骨打起兵与天祚帝
被俘 ... 049

第四章　西迁后的辽朝——西辽

第一节　西辽的建立 ... 083

第二节　西辽的中后期统治 ... 092

第五章　金朝中后期社会经济的衰落

第一节　黄河泛滥 ... 105

第二节　财政困难和滥发纸币、
银币 ... 111

第三节　通检推排和括田 ... 117

第四节　猛安谋克的衰落 ... 123

第六章　蒙古南侵与金朝政变

第一节　蒙古南侵 ... 131

第二节　金都南迁与红袄军
起义 ... 146

第七章 蒙古再次南侵与金朝侵宋战争

第一节 蒙古南侵与太原陷落 ... 173

第二节 南侵南宋 ... 178

第三节 河北、山东地区地主武装的叛附 ... 184

第四节 陕西、山西的抗蒙战争 ... 192

第八章 抗蒙斗争的发展和金兵的败溃

第一节 金哀宗即位,并力抗蒙 ... 201

第二节 窝阔台侵金 ... 208

第九章 哀宗迁蔡和金朝的灭亡

第一节 汴梁保卫战 ... 221

第二节 哀宗出逃与汴京沦陷 ... 227

第三节 归德变乱哀宗迁蔡 ... 231

第四节 蒙、宋联合灭金 ... 238

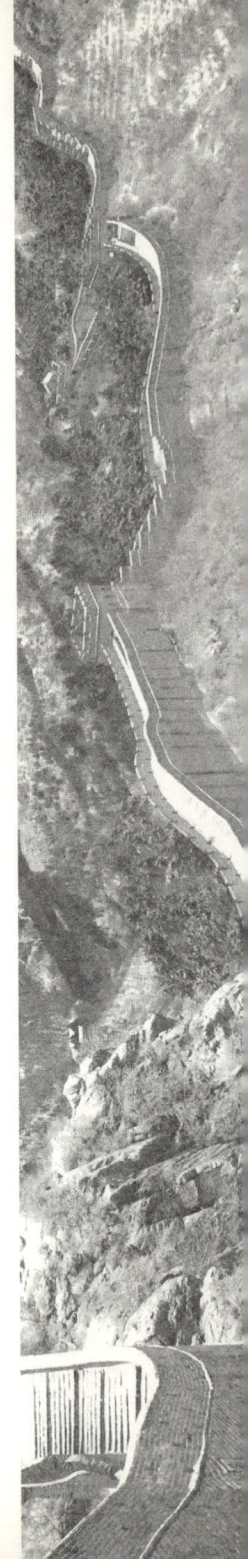

第十章 西夏的灭亡

第一节 历史背景——西夏的崛起
和立国 ... 245

第二节 与金、南宋鼎立的后期
西夏王朝 ... 250

第三节 蒙古南侵和襄宗篡位 ... 255

第四节 神宗附蒙侵金 ... 260

第五节 联金抗蒙和西夏的灭亡 ... 266

第一章

盛极而衰：辽朝中后期的内外政治

第一节
历史背景：契丹民族的崛起和辽王朝的建立

契丹民族是我国东北古老民族东胡的后裔，世代居住在内蒙古东部西拉木伦河和老哈河的交界地区，这里地势平坦、气候温和，宜于放牧，古称松漠地区。契丹的先祖为东胡后裔鲜卑宇文部，宇文部败亡后，一些语言、风俗相近的游牧人仍然活动在松漠地区，统称库莫奚。契丹原为库莫奚的一部，在公元四世纪，即魏晋南北朝时期，正式登上了历史舞台。大约在隋末唐初，契丹八部初具规模，一次出征能够动员的作战力量就有四万人之多。唐朝初年，契丹酋长大贺氏摩会率领各部族，依附于唐朝。唐太宗把一套旗鼓赐给摩会，在当时的北方游牧民族中，旗鼓本身就是最高权力的象征。其后，唐朝在契丹驻地设置松漠都督府，分设九州，正式将契丹地区纳入版图。

随着契丹自身实力的发展日渐壮大，契丹统治者的野心也日渐增长，唐武周万岁通天元年（696年），契丹首领李尽忠和孙万荣在营州联合起兵叛唐，李尽忠采用突厥联盟长的称号，自称"无上可汗"，契丹与唐朝展开了规模空前的激战。这是唐朝和契丹族发展史上的一件大事，面对契丹的进攻，唐军几无招架之力，损兵数十万，借助突厥的力量才得以平定叛乱，其后为了制衡契丹，一再加强河北节度使的权力，又导致安史之乱的爆发，成为唐朝由盛转衰的标志。而契丹虽然打着反抗暴政的旗号，但势如破竹般的叛乱行动，显然是经过了长时期的酝酿准备和精心谋划，因长期生活在营州地区，契丹对唐朝河北政治、军事情况了如指掌，加之自身实力的迅速膨胀，信心十足，才得以做出叛唐自立，夺取河北、辽东这样看似胆大妄为的举动。

经过与唐朝的战争，契丹损失惨重，原有的大贺氏部落联盟组织遭到严重的破坏，无法继续维持下去。契丹首领涅里重新组织了遥辇氏部族联盟。唐天宝十年（751年），唐将安禄山领兵六万进攻契丹，遭到惨败，这表明契丹恢复了原有的实力。

公元十世纪初，伟大的盛唐帝国走向历史终点。称雄草原一时的漠北回纥政权也灭亡。中原大地忽然间权力陷入真空，军阀彼此混战不休，这时蓄势待发已久的契丹民族在其首领耶律阿保机及其子耶律德光的带领下，北灭渤海，统一东北，南侵河朔，吞并幽云，东征西讨，建立起"东至海，西至流沙，北绝大漠，南至白沟"的庞大帝国。其实际领土管辖大致为东北和东部到今鄂霍次克海、日本海和渤海，包括今俄罗斯萨哈林岛、鞑靼海峡北口至乌第河出海口的岛屿群以及鸭绿江的今朝鲜民主主义人民共和国北半部地区；靠北达到今外兴安岭以北，叶尼塞河上游及其支流安加拉河流域、勒拿河上游地区；西抵阿尔泰山以西的沙漠地区；南部达到今河北和山西两省中部与北宋为邻。整个疆域大体上由盛唐时期的北疆地区和燕云地区两大部分组成，总面积相当于北宋版图的两倍。

经过阿保机与德光两代的开疆扩土，辽王朝基本与北宋政权形成新的南北分治局面，也就是中国历史上的第二次南北朝格局。在此基础上，从辽景宗开始，辽朝统治者开始进行内部的政治与社会改革，尤其值得一提的就是一代女雄主萧燕燕，在外交军事上，与北宋达成澶渊之盟，实现了辽宋两朝的百年和平，辽朝随即进入到全盛的历史发展时期。

在承天太后、圣宗统治下的近半个世纪里，是辽朝发展到极盛的时期，统治集团也始终保持着相对的稳定。辽太平十一年（1031年），圣宗在大福河之北行帐病死。长子耶律宗真继位，辽兴宗统治时期是辽朝历史盛极而衰的转折时期，王朝内部统治阶级的权力斗争愈发残酷，对西夏的军事征讨遭到惨败，对西北鞑靼的长期镇戍，造成人民的生活困窘不堪，辽王朝的颓势明显显露。

第二节
母子恩怨：兴宗继位与钦哀后政变涉政

从辽景宗后期到辽兴宗继位初期，辽朝先后有承天太后、齐天太后、法天太后三位女主掌控辽朝最高权力，在中国封建王朝中是极其少见的。辽圣宗齐天皇后曾经生育过两个孩子，但很不幸，都早夭而亡，因此膝下无子。辽开泰五年（1016年），宫人耨斤生皇子后被封为元妃，皇子则被齐天皇后收养，取名宗真，即为其后的辽兴宗。辽兴宗与齐天皇后母子感情极深，对此，生母耨斤极为不满。

兴宗继位后，元妃自立为皇太后（钦哀后），即法天皇太后。她立即发动政变，指使护卫冯家奴、喜孙等诬告北府宰相萧浞卜、国舅萧匹敌等谋反。"诏令鞫治，连及（齐天）后。"兴宗对生母耨斤说："皇后侍奉先帝四十年，又抚育我长大，本当为太后，今天不做太后，反而还要加罪，怎么可以呢？"钦哀说："此人若在，恐怕早晚是后患。"兴宗反驳道："皇后没有亲生孩子，年纪又大了，不会有什么作为的。"钦哀皇后根本不听，将齐天皇后迁往上京。钦哀又觉得兴宗对齐天皇后感情依然深厚，无法彻底斩断两人关系，于是下定决心除掉齐天皇后，派人骑快马赶往上京。使者到上京后，齐天皇后哀叹道："我真是无辜啊！天下共知。您能让我沐浴后再死吗？"使者退。齐天皇后自尽，年仅五十岁。

这样耨斤就完全把持了朝政，临朝听政，军国大事，兴宗都不得过问。法天太后对朝廷上的蕃汉官僚都信不过，唯独信任自家兄弟，甚至连家奴也备受重用，仅仅授以团练、防御、节度、观察等使的亲信就多达 40 多人，萧家的门客一时间门庭若市。兴宗名为皇帝，却没有一点权力，甚至没有人身自由。他喜爱音律，一次将银带赏赐给一位很得宠的乐工，法天太后知道后，竟然以此为借口，将该乐工鞭打一顿。兴宗纳闷，身边这点事，太后都知道得一清二楚，怀疑身边的内侍有法天太后的眼线，暗中监视他的一举一动。一想到有"内鬼"随时向法天汇报自己的行踪，顿时感到痛苦、难堪和愤怒，经过缜密侦查，兴宗确定一个"内鬼"，于是命左右将其杀掉。不料，法天太后气焰嚣张地将凶手拿下拘禁审查，结果此人将兴宗供了出来。法天太后听闻大怒，竟然让兴宗与这个被拘禁的杀人凶手当场对质。为此，兴宗郁郁不乐地说："我贵为天子，乃与囚同答状。"

其后，法天太后进一步暗中策划废掉兴宗，关键时刻，兴宗的弟弟耶律重元站了出来,重熙三年(1034年)五月,重元向兴宗密报:"法天太后预谋废兴宗而立重元为帝。"在存亡危急之时,兴宗下定决心采取行动,他先将法天太后的宠臣耶律喜孙争取过来,掌握了法天太后的行动规律,然后率领行宫卫队"硬寨曳剌"500多人,包围了法天太后的行营。耶律喜孙率军直入宫中,太后还没等反应过来,就被他驱赶着登上黄布车送到庆州拘禁起来。"诸舅以次分兵捕获,或死或徙,余党并诛。"

兴宗掌握权力后,对养母即冤死的齐天太后难以忘怀,一次出猎,路过祖州白马山,看到齐天太后的坟冢坐落在一座空山之中,荒草丛生,没有影堂,无人照看。心里非常难过。兴宗下令改葬齐天,"其影堂、廊庑等并同宣献太后园陵。"兴宗这样做,就意味着追认齐天为皇太后,同时也表明他不再承认法天为皇太后。

不过为了取得宋朝每年的太后贺岁礼金,辽兴宗不得不顾全大局,重熙八年(1039年)七月,至庆陵谒陵,将法天太后迎回。同年十一月,兴宗朝见皇太后,并为她举行"再生礼"。但实际上母子二人之间的积怨仍然很深,兴宗对耨斤仍然采取敬而远之的态度,为确保安全,二人居住地经常保持数十里的距离。而法天太后对兴宗的怨恨也没有消除,幼子重元曾经出卖过她,她并不计较,在恢复自由之后,仍然继续图谋废立。辽兴宗和弟弟耶律重元兄弟二人感情极其深厚,辽兴宗一度打算将重元立为太子,但由于兴宗、法天太后二人的矛盾过于尖锐，尤其是耨斤急于确立重元的皇位继承人地位，反而使得辽兴宗对重元产生反感和怀疑。最终没有立重元为太子，而是立皇子耶律洪基为继承人，即辽道宗。

简而言之，法天太后临朝，并没有起到稳定辽朝统治的作用，反而引起了一场动乱，从长远的影响看，成了辽帝国解体的直接诱因。

第三节
腐败滋长与西北戍边的国力消耗

澶渊之盟以后,辽宋两国之间由战争转入和平,随着交往的深入和频繁,随之而来的,就是契丹统治集团的汉化日深。重熙二十一年(1052年),辽在致宋朝的国书中甚至连国号都去掉了,只称南北朝,由此可见,契丹统治者认为他们和北宋统治者之间已经不再具有种族、文化上的差异,而只有地理空间的区别了。另外,辽朝每年接受宋朝的巨额岁币,内府珍异堆积如山。财富的聚集,更促使契丹统治者滋长奢侈、腐化的倾向。

辽兴宗本人多才多艺,具有极高的文化素养,精于音律、绘画,对儒学、佛家的研究都有极高的造诣。仅举一例,他的绘画才能类似后来的宋徽宗,所画的鹅雁惟妙惟肖,当作国礼送与宋朝后,受到宋朝朝野上下的广泛赞赏和好评,精于书画的宋仁宗曾作飞白书作为回礼馈赠辽朝。

另外，但是辽兴宗作为政治家又是不合格的。在亲政过程中，受到养母被杀、亲母决裂的残酷政治斗争的消极影响。亲政后，兴宗明显态度消极颓废，放荡不羁，恣意妄为，表现出一个地道的纨绔子弟形象。据《九朝编年备要》卷一五至和二年记载：宗真性格轻佻浮华，有一次举办宫廷晚宴，宗真喝到兴致高起，竟然亲自下场加入乐队，吹拉弹唱，好不快活。为了进一步方便出游，甚至化装成普通百姓，进入酒肆寺观玩乐。兴宗在玩乐中还结交了一群狐朋狗友，甚至不惜身份，与教坊使王悦轻等数十人结拜为兄弟，频繁出入其家，还以天子之尊下拜其父母。

此外，授官太滥、吏治败坏，是兴宗时期一个严重的社会问题。由于爵赏滥行，除授无法，结果是官僚队伍越来越庞大，吏治越来越腐败。近臣马保忠向兴宗进谏，劝他按照正常的官员晋升制度，有序调整官员，不要突击提拔不合格的官员。兴宗听后大怒道：按照你的意见，那君主的权威又体现在哪里，这难道是社稷之福吗？马保忠吓得说不出话。从此以后，为了提拔宵小，兴宗一定给予近臣优厚的赏赐，目的是堵住大臣的嘴巴，不让他们说话。

崇尚佛教，是辽兴宗在位期间的又一大弊政。辽兴宗特别崇信佛法，当时辽朝有名的高僧大德，有的甚至被提拔为朝廷三师和政事令。重熙十九年（1050年），僧人慧鉴即加"检校太尉"。在兴宗本人的率先垂范下，大批达官显贵纷纷让宗门子弟剃度为僧尼，等到了道宗中晚期，僧尼已经有数十万之多。僧尼本身不事生产，是社会财富的纯粹消耗者，成为社会一大公害。辽朝除了养活一大批官吏，还要豢养一大批僧尼，再加上大做佛事及巨额军费开支，这些毫无疑问都要转嫁到人民群众身上，兴宗时期，社会阶级矛盾已经达到很尖锐的程度了。兴宗也开始认识到问题的严重。

史载：重熙初，兴宗诏告天下，针对辽朝面临的困境，广求对国家发展有益的建议。兴宗指出，徭役并没有增加，征伐战争也不常有，年年农业丰收，粮仓都是满的，而老百姓却非常贫困，这难道是官吏散漫、百姓懒惰的原因吗？今年的徭役哪一项最重？哪一项最苦？哪一项费用能够节省下来，补充国用？补役之法哪一项可以恢复？盗贼之害怎么能够制止？ 从兴宗的问题中，可以基本看出辽国开始处于财竭民贫的窘境。

对此彰愍宫使萧韩家奴提出了个人见解。这些年来我国的国情，东北边疆高丽国还没有臣服，西北阻卜的反叛势力依然强大，战守的准备依然不能松懈怠慢。从前选富家子弟奔赴边疆，戍守边疆，按惯例需要自备粮糗，然而，从家乡到边疆，一路遥远艰险，需要很长时间才能赶到戍边地；等到了驻屯地，费用已经消耗过半，只有一辆牛车的，很少有生还回家的。没有男丁的家庭，需要用双倍佣金雇佣劳动力，来代服劳役。人民忌惮戍边服役的艰辛劳苦，往往没到地点，大多半路跑光了，所以戍边士兵的衣食往往得不到正常补给。从别处借贷补给，往往需要十倍利息来偿还，以致有卖儿卖女和出卖田产也不能偿还的。所以出现了宁可外出逃窜以摆脱服劳役的现象，军队得不到补给，则更加急迫地补充少壮劳力进入军队。现在鸭绿江以东，戍役的情况基本是这样。更何况渤海、女真、高丽合纵连横，不时征讨。富者从军，贫者伺候。加之水旱，菽粟不登，民已日困。盖势使之然也。

而现在劳役最重的地方，绝对应该是西北防务的消耗。如无西北戍边问题，虽然也有灾荒年的年景问题，但国家的财政不至于到现在这样的困境。如果能将西北戍边地点稍微向内地靠拢，则往来并不劳苦，人民也没有很大的负担。而反对的声音都说是不方便，这都是表面托词，实际上是怕一则有损辽朝的盛世威名；二则怕一旦后撤，就会招致敌人的进一步侵掠犯边；三则就此放弃遥远边疆已经开发出来的耕牧之地，非常可惜。臣认为这些议论都是不对的。西北地区的阻卜游牧诸部，自古以来就在西北地区生活。大辽建国初期，当时北至胪朐河（克鲁伦河），南至边境，各部族大多过着散居的游牧生活，没有统一的组织形态，只是往来掳掠人口财物而已，对领土没有控制力。等到太祖西征，阻卜各部无不望风归降，西域诸国也都愿入贡臣服我大辽。太祖为了稳固边疆，迁移了一部分阻卜部族，在我国国内置三部，以补充国家人口和军力，太祖时期的西北边防，不营建边防城市，不设置边防军队，但阻卜诸部却累世不敢为寇。统和年间，王太妃出

师西域，开疆拓土降附了众多部族。此后一部如果叛乱，朝廷就命邻部讨伐叛部，使得彼此相互牵制，这是驾驭、控制遥远地区部族的高明策略。

等到后来建立可敦城，开境数千里，西北边民徭役日见繁重，生业日渐萧条。遇到边境有警，既不能马上去救援，阻卜各部的叛乱更是日渐频繁。空有广地之名，而无得地之实。若还是这样贪图领土的广大，实际却逐渐消耗着国家的财力，其后果之严重难以言表。况边情不可深信，也不能彻底消除。得到领土没有什么收益，失去领土也没有什么损失。国家大敌，唯在南方。今虽连和，难保他日。若南方有变，我军主力都驻屯在西北，很难马上救援。况且西北部族骑兵作战，来去自如，我进则敌退，我还则敌来，不可不虑也。

现在正值太平年代，正好借此与西北各部交好，免去其罪责，还其游牧地，向内迁徙戍兵同时增建堡寨，同他们划定明确的疆界。每部各任命酋长，让他们年年来朝贡我国。叛乱就讨伐之，臣服就安抚之。诸部一旦安定下来，必然不再挑衅之。如果这样，则臣虽不能保其久而无变，知其必不深入侵掠也。有人说弃地有损国威，殊不知殚费竭财，以贪无用之地，使那样的小部抗衡我们这样的大国，万一有败，岂止是损威这样的小损失？或者又有人说，沃壤不可遽弃。臣以为土虽沃，民不能久居，一旦敌来，则不免内徙，岂能认为既是吾土就不能放弃吗？

"今宜徙可敦城于近地，与西南副都部署乌古敌烈、隗乌古等部声援相接。罢黑岭二军，并开、保州，皆隶东京。益东北戍军及南京总管兵。增修壁垒，候尉相望，缮完楼橹，浚治城隍，以为边防。此方为今之急务也，愿陛下裁之。"

天祚年间，东北女真崛起，辽帝国随之土崩瓦解。契丹北疆经略的得失成为左右帝国盛衰的主因。"在一定历史条件下，边防的强弱，关系着一个政权或一个王朝的安危与存亡。辽的边防，自辽初以来，设防重点一直是南面，其次是西北、西南及东面。辽朝统治者一直忽视对东北部的防范，结果推翻大辽二百年统治的，却正是这些被认为'不知礼义'，备受压迫、掠夺的生女真人。"这无疑是事物两面性的具体体现。

辽朝边疆方略屡经调整与其地理形胜之势密不可分。作为契丹民族世居的两河流域，地势开阔，周边没有高山大河的阻碍，具有明显的易攻难守特征；作为四战之地，弱时为害，强时为益，这也是契丹民族历史屡遭侵伐，部落离散，而一旦崛起又势不可挡的主因。另一方面，这种地理特征导致帝国没有深厚的战略纵深，从历史上看，汉唐以关中、蜀地为其根本，北宋以江南为其缓冲，在帝国遭遇大危机时，都能够承受一定破坏和压力。而契丹东北腹心一旦有变，毫无缓冲空间，立即陷于土崩瓦解之势，这可以与北宋灭亡相比较。北宋因为有江南空间可以转圜，因此南宋得以立国，没有陷入亡国境地。

此外，由于没有天然险要为屏障，需花更多军力稳固边疆，就需要学习中原政治体制，在边疆建州设镇、长期戍边，其耗费的国力不是数百万契丹人口可长期承受的，这也是萧韩家奴上书辽廷，激烈反对采用中原戍边制度的主因。中原边疆戍守制度主要有中原庞大国力的支持。即使如此，也饱受各代文官的批评，何况契丹。因此，契丹最终灭亡有其历史必然因素。但是，如果不采用戍边制度，仍以游牧征服形式，能更好地实现对辽朝边疆的有效统辖吗？前朝唐朝对漠北突厥羁縻的失败即为前例，后世金朝亡于蒙古是为后例，只有辽朝实现了对漠北的长期有效管辖，即是明证。萧韩家奴看到了问题的实质，但辽朝并不具备解决这一问题的客观条件。

总的来看，在二百年的时间里，契丹统治者适时顺应边疆形势的发展变化，权变灵活地调整战略重心，加之采用"因俗而治"的基本国策羁縻驾驭各民族，因此其边疆统驭方略无疑是成功的。极为人诟病的西北边疆经略，反以其荒远疏阔，成为契丹残部的避难所和缓冲地，漠北成为日后耶律大石西征的前进基地，西辽的建立则是契丹百年戍边结出的意外果实。所谓失之东隅，收之桑榆，历史的辩证关系体现得如此生动具体。契丹民族不愧是一个善于学习、勇于进取的优秀民族。

第四节
辽宋重熙增币

宋仁宗时期，宋西北边境的党项族首领元昊正式称帝，建大夏国，引起北宋朝廷的强烈不满，北宋认为元昊称帝是"僭窃"、叛乱，不能坐视不管。于是宋夏之间爆发激烈战争。西夏军先后取得"三川口之战"与"好水川之战"的决定性胜利，给宋军以沉重打击。此时辽兴宗觉得有机可乘，希望从宋夏交恶中渔利，决定乘机谋夺幽州南麓的北宋关南十县。史载："时天下无事，户口蕃息，上富于春秋，每言及周取十县，慨然有南伐之志。"由于事关辽宋和战大局，此事在辽廷内部引起激烈争论。南院枢密使萧惠极力主张南伐中原，史载："是时帝欲一天下，谋取三关，集群臣议。"萧惠建言道：宋夏两国连兵多年，宋军师老民疲，陛下如果亲率六军南下，一定能够大获全胜。北院枢密使萧孝穆却极力反对："太祖南伐中原，最终并没有什么收获。太宗皇帝灭

唐立晋，后来石重贵又与本朝交恶，太宗率军长驱入汴，初始之时，銮驾凯旋，其后被迫退出中原，反而受到对方反攻压制。自后连兵二十余年，仅得和好，安民乐业，南北相通。今国家比之往日，虽然富强，然勋臣、宿将往往物故。且宋人无罪，陛下不宜弃先帝盟约。"又说，"我先朝与宋和好，无罪伐之，其曲在我；况胜败未可逆料。愿陛下熟察。"

辽兴宗最终决定向北宋遣使，以周世宗强夺关南地区、宋太宗无故北伐幽云的历史，以及西夏元昊早已向辽称臣，北宋不应无故进犯为借口，要求北宋归还十县之地和北汉故土。同时重兵压境，"会诸军于燕。惠与太弟帅师压宋境"。使节刘六符在开封恫吓宋廷，称河北塘泺防线毫无用处，"一苇可渡，投棰可平，不然决其堤，十万土囊遂可逾矣。"

北宋朝廷经过紧急商议，认定不可向辽割地，只可或与辽议婚或增加岁币。以富弼为代表的一干人等临危受命，自愿请求入辽回复。宋仁宗命王拱辰起草复信，理直气壮、义正词严地对辽方提出的指责一一予以驳斥。但宋仁宗心里并没有抗敌到底的决心，对富弼又做了最后妥协退让的口谕。

六月，富弼等使臣来到辽朝，向辽廷提出北宋可以与辽联姻，也可以增加岁币，辽如果令西夏对宋称臣，则岁币增加二十万金帛，反之则只能增加十万。

八月，富弼等人再次来到辽廷，受到辽兴宗的接见，富弼见兴宗后直言："两国人主父子继好，垂四十年，一旦忽求割地，何也？"他表示北宋愿意增加岁贡换取关南领土，而辽大臣汉人行宫副部署刘六符态度强硬，双方争持不下，富弼言："南朝皇帝尝言：'朕为人子孙，岂敢妄以祖宗故地与人。昔澶渊白刃相向，章圣尚不与昭圣关南，岂今日而可得地乎？且欲得十县，不过利其租赋耳，今以金帛代之，亦足坐资国用。朕念两国生民，不欲使之肝脑涂地，不爱金帛，以徇北朝之欲。若北朝必欲得地，是志在背盟谋好。朕独能避用兵乎？且澶渊之盟，天地神祇，实共监之，今北朝先发兵端，朕不愧于心，亦不愧天地神祇矣，'"《辽史·兴宗纪二》记载："富弼为上言，大意谓辽与宋和，坐获岁币，则利在国家，臣下无与；与宋交兵，则利在臣下，害在国家。"富弼的话终于打动了兴宗，最终以辽代宋向西夏施压议和，北宋则以向输送契丹岁币增银、绢十万两、匹为条件，双方再度议和。

但辽兴宗要求北宋对辽输送岁币应称"献"，富弼认为"献"是下奉上的卑下之词，不可用在两个对等的政权之间，而且北宋为兄，辽朝为弟，岂能有兄献于弟的道理。兴宗于是改口要求称"纳"，富弼也坚决反对。兴宗见富弼不肯让步，随即再次派遣耶律仁先和刘六符使宋。宋仁宗最后妥协退让，许称"纳"，并同意了其他条款。北宋方面命富弼借助契丹以压服元昊纳款，辽兴宗夸口说他对元昊"可指麾立定"。辽重熙十二年（1043年）正月，同知析津府事耶律敌烈、枢密院都承旨王惟吉到西夏，谕令西夏务必与宋讲和。元昊虽然屡出怨言，仍不得不听从辽朝的旨意。辽宋讲和，西夏却因这件事对辽强烈不满，两国摩擦不断，直到爆发战争。

重熙增币，契丹在战术上取得完胜，不动刀兵坐增北宋岁币，但战略上的消极影响深远。辽朝失信于北宋，加深了北宋对契丹的不满和疑惧。其后，宋金海上之盟的缘起正是重熙增币，导致辽朝末年北宋联合女真灭辽之举。另一方面，正如萧孝穆所言："今国家比之曩日，虽曰富强，然勋臣、宿将往往物故。"他看出了太平盛世之下，契丹内部潜藏的衰败危机，契丹统治集团内部的人才、物力资源已经逐步下落，远非全盛时的契丹可比，贸然对中原用兵，一旦有失，契丹将陷入危局。

第五节
征讨西夏的失败

辽国兴平公主下嫁元昊后,"素与元昊不睦",得病后,"元昊遣使贡于契丹,不以病告"。辽兴宗怀疑兴平公主死因,曾遣使持诏诘问,这是辽夏矛盾的开始。辽朝怕西夏强大难制,于是在其西南边境设置西南面都招讨司、南北大王府、乙室王府、山金司等官署,布防兵力,以控制西夏。在军事防范的同时,辽朝还从经济上限制西夏,对原先西夏赴辽的贡使贸易进行限制。辽重熙二年(1033年)十二月,辽兴宗下令"禁夏国使沿路私市金铁"。西夏为了打破辽朝的经济封锁,曾多次遣人至吐谷浑、党项诸处市马。辽重熙十一年(1042年),辽朝国主虑其势盛,"禁约诸蕃,令沿边筑障寨防遏之。"

这一时期,夏辽关系恶化并导致战争的爆发,有两个重要因素,一是辽朝单方面接受宋朝岁币以弹遏西夏,引起西夏对辽的不满。元昊立国后，对宋朝发动了一系列攻势，以致夏宋双方均疲于战争，想尽快结束。辽兴宗想利用当时的形势，从中调解，挟夏讹宋以获利。对于辽朝的背信弃义，西夏极为愤怒。在宋辽交涉中，元昊不断给辽出难题，"不肯称臣，则是契丹之威不能使西羌屈服"，使辽朝的许诺不能兑现，损害了辽宗主国的威严，使辽朝在宋面前威信扫地。另一原因是元昊诱纳辽朝境内的岱尔族及党项部落，导致夏辽关系急剧恶化。辽西部边境居住的党项及其他部族经常举族归夏，以前西夏对此持慎重态度，基本不予接纳，而两国有隙后，西夏常引诱辽境内党项诸族投夏。辽重熙十二年（1043年），夏出兵帮助辽朝打败了岱尔族，但辽朝独吞所获。元昊大失所望，遂派兵侵掠辽朝境内的党项羌，随后又"潜诱山南党项诸部及呆儿族八百户，尽叛契丹，阴附于己"。由于夏辽之间的矛盾激化，战争一触即发。

西夏与辽之间的战争分为两个阶段。

第一阶段始于重熙十二年（1043年）十月，经过充分准备，辽军兵分两路伐夏，辽兴宗亲率十万军队出金肃城。两路大军渡黄河后，长驱直入四百里。兴宗踞得胜寺南壁，以捕捉战机。当时夏军主力潜伏于贺兰山北侧，辽北路统帅得知这一情况后，遣军掩袭，元昊率军迎战，将辽军包围，辽大将直古迭"左右驰射，跃马直击中坚，夏众不能挡，大溃而退"。元昊伏击失败后，退守贺兰山，见辽兵多势盛，于是采取缓兵之计，遣使向辽兴宗请罪。辽军进入河曲后，元昊亲率党项诸部待罪，并折箭为誓，夏辽双方盟约。元昊乘辽军不备之机，向辽军进攻，元昊故意后退二十里以避其锐，辽军穷追不舍，元昊连退两次近百里地，"每退必储其地产，契丹马无食，因许和"。元昊又拖延数日，乘辽军马饥士疲之时，突然猛攻，最终辽军惨败，踩践而死者不可胜计。接着元昊又乘胜攻得胜寺南壁的辽军大本营，兴宗"单骑突出，几不得脱"。河曲之役，夏军共俘辽朝近臣数十人，获辎重器物如山。河曲之战后，元昊不失时机地遣使赴辽朝议和，辽兴宗也因损失惨重，无力再进行战争，于是双方议和。

河曲之战后，双方虽然达成和约，但元昊常以兵掠辽朝边境，而辽兴宗则"秣马厉兵，通报丁口，招募甲兵，日夜教阅，思雪前耻"。战争仍在孕育之中。辽重熙十五年（1046年），辽朝又对西夏发动大规模的进攻，"以兵两千据河桥，聚巨舰数十艘"，用铁钩连在一起，又"布舟于河，绵亘二十余里。"第二年，辽朝再次攻西夏，纵兵深入夏境，大掠而还。辽重熙十八年（1049年）七月，辽兴宗乘元昊新死，下诏两路进军，以韩国王萧惠为南路行军都统，赵王萧孝友、汉王贴不为副都统；以敌鲁古为北路行军都统，兴宗自己亲率中路军。八月，中路军先遣部队打败夏军拦截，渡河袭据西夏东部要塞唐隆镇。南路军自恃强大，被夏军击败。北路军经凉州，挥军直趋贺兰山，俘元昊妻没移氏和夏臣僚家属数十人。因南路军战败，辽军二路相继撤回。

　　重熙十九年（050年）二月，夏没藏讹庞遣军围辽金肃城，被击败。二月，又遣兵屯河南二角川（内蒙古达拉特旗南），再次被辽军击败，丧失辎重器械无数。夏军屡败，辽军攻势益猛。五月，辽兴宗再次攻夏，包围兴庆府，纵兵四掠，没藏氏不敢出城应战，闭城坚守，六月，辽军攻破贺兰山西北的摊粮城（今内蒙古巴音浩特北），"尽发凜积而还"。

　　十月，在辽军不断打击下，西夏被迫遣使议和，请依旧例称藩。后在没藏氏多次请求与友好表示下，重熙二十二年（1053年），辽兴宗诏许西夏求和，凉祚正式进降表。为了密切两国之间的关系，没藏氏遣使至辽求婚，但辽兴宗"以没藏氏反覆"，未允和亲。西夏又遣使上誓表，请辽朝颁誓诏。辽兴宗接受誓表，"赐以车服，而不许誓诏"。没有答应结盟的要求。

第二章 道宗朝的内乱与辽朝社会危机的爆发

辽兴宗长子耶律洪基，生于重熙元年（1032年），六岁受封为梁王，重熙十一年（1042年），晋封为燕国王，辽重熙十二年（1043年），总北南面枢密院事，加尚书令，重熙二十一年（1052年），晋封为天下兵马大元帅，重熙二十四年（1055年），辽兴宗病死，洪基继位，是为道宗，开始了长达四十五年的统治。在这期间，辽朝贵族内部又展开了相互倾轧的残酷斗争。

第一节
叔侄反目:重元叛乱

辽兴宗的弟弟耶律重元不但得到母亲法天皇太后的偏爱,而且也得到哥哥兴宗本人的信任和倚重。辽兴宗曾在和弟弟玩游戏时允诺,一旦百年之后,就将皇位传给他。久而久之,重元就将此话看作哥哥事实上的承诺。此时辽朝已过百年,封建皇权体制已经在契丹统治集团内部形成传统,这种兄终弟及的部落联盟时期的选汗体制显然是已经被淘汰的旧体制,根本不可能实施。且辽兴宗本人更是深受中原封建文化熏陶和教养成长起来的封建帝王,因此,晚年之后,他便将以前的承诺扔到一边,极力提高和加强其子洪基的地位,为耶律洪基继位扫除障碍。

重熙二十四年(1055年),辽兴宗病故,洪基得以奉遗诏顺利继位。但此时,面对朝廷内外势力庞大的重元集团,道宗耶律洪基也不得不予以尊重和倚重,承认重元的特殊政治地位。即位仅两天，道宗就下诏封重元为"皇太叔"。但仅仅以一个空头的"皇太叔"名义，还是不足以安抚重元，于是，又任命重元为天下兵马大元帅，并赐以"金券"。这样，以耶律重元为首形成了一个权倾朝野、爪牙遍地的辽朝头等政治集团。

重元起初没有造反的想法，仍旧幻想按部就班地继承皇位，但他的儿子涅鲁古却生性阴险狠毒。辽兴宗在世的时候见到此人，即发现他"目有反相"。重熙十一年（1042年），涅鲁古受封为安定郡王，十七年（1048年）又晋封为楚王，为惕隐。道宗即位后，清宁三年（1057年），他又被外放为武定军节度使。清宁七年（1061年），涅鲁古奉调回朝知南院枢密使事后，立即抓紧时机鼓动其父重元谋反。但重元当时顾虑尚多，清宁九年（1063年）七月，道宗要到太子山行猎，重元父子获悉这一消息，当即就进行了谋反的部署。然而敦睦宫使耶律良却发现了他们的谋反计划。兹事体大，他未敢直接向道宗奏报，而是首先向皇太后秘密报告了此事。太后对此事极为重视，假称自己生病，诏道宗前来探视。这才有机会将这一消息当面告知道宗。道宗乍一听说，根本不相信，甚至怀疑耶律良奏报不实。太后劝他说："此社稷大事宜早为计。"耶律良焦急万分，只好在道宗面前发誓，以性命担保自己所言都是事实，他劝道宗及早准备，以免遭受暗算，并且还建议道宗设计进行验证：召涅鲁古前来，如其不应召，即"可卜其事"。于是道宗派使者前往，结果当即被涅鲁古拘禁于帐下，并欲加害。

使者趁看守不备，断锁而出。使者赶回行宫奏报了全部经过，道宗对耶律良的情报始确信不疑。这时，他赶忙召来南院枢密使耶律仁先，命其设法应对事变。

耶律仁先接受命令后，嘱咐道宗要谨防敌人来袭，就在这时，重元的人马已经前来进犯行营了。在这突如其来的危急情况面前道宗傻眼了，打算要逃回北、南大王院。仁先以为此时若舍弃扈从，叛军必尾随其后，这样，很可能坠入他们的掌握之中。而且"南、北大王心未可知"，投奔他们，也未必靠得住。仁先的担心并非是没有根据的。这是一次空前严重的危机，跟随重元父子一同谋叛的达官贵人大有人在，其余未反者亦多居心叵测。据《辽史》卷二二《道宗本纪》载，与重元父子同反的大臣有陈国王陈六、同知北院枢密使事萧胡睹、卫王西京留守贴不、林牙涅剌溥古、统军使萧迭里得、驸马都尉参及其弟术者、图骨、文班太保奚叔、内藏提点乌骨、护卫左太保敌不古、按答、副宫使韩家奴、宝神奴等，凡四百余人。同时重元父子还诱胁大批弩手军进犯行宫。可喜的是，最核心的宿卫士卒并未发生动摇，他们在许王仁先、知北院枢密使事赵王耶律乙辛、南府宰相萧唐古、北院宣徽使萧韩家奴、北院枢密副使萧惟信及敦睦宫使耶律良等率领下，拼命抵御叛军的进犯。叛军数量虽然不算少，但不过是乌合之众，其中有不少是被重元诱骗来的奚族猎手，萧韩家奴为使他们了解事实真相，不顾个人安危，只身来到阵前对这些奚人说："汝曹去顺效逆，徒取族灭，何若悔过，转祸为福！"受蒙蔽的猎手听到这番话之后，很快都放下了武器。涅鲁古立刻跃马前来，企图稳住叛军的阵脚，结果当即被渤海近侍详稳耶律阿思及护卫苏所射杀。经过一天多的时间，叛乱即被平定，逆党皆遭族诛。首恶重元亡入大漠，走投无路，自杀身亡。临死前他哀叹道："涅鲁古使我至此。"

平叛胜利后，道宗以仁先为北院枢密使、进封宋王、加尚父，耶律乙辛为南院枢密使，萧韩家奴为殿前都点检、封荆王。萧惟信和耶律冯家奴并加太子太傅。宿卫官萧乙辛、回鹘海邻、耶律塔不也、耶律阿思以及宫分人急里哥、霞抹、乙辛、只鲁并加上将军。诸护卫及士卒、疱夫、弩手等共三百人，亦皆分别授官有差。耶律良更因密报有功，受重赏，道宗命他隶属横帐夷离堇房，为汉人行宫都部署。重元父子叛乱之所以迅速失败，是因为这种单纯以夺取最高统治权力为目标的宫廷政变，得不到广大人民群众的支持，至于在统治阶级内部，他们总的说来更是相当孤立的。

第二节
耶律乙辛擅权

经过重元之乱,辽道宗受到严重的精神刺激,甚至怀疑起了自己的一切至亲,从皇后到太子,都在他怀疑之列,而耶律乙辛之类的奸臣却受到充分信任。这种情况发展下去,终于导致他演出了一幕杀妻灭子的惨剧。

萧观音宣懿皇后(1040年-1075年),辽道宗耶律洪基的第一任皇后,父萧惠(辽兴宗母亲萧耨斤的弟弟),辽代女作家,外华内秀,是当时辽朝公认的美女。她常常自制歌词,精通诗词、音律,被道宗誉为女中才子。论辈分,应是道宗的表姑。但是契丹人的婚姻没有辈分禁忌,早在道宗即位前,即将其纳为王妃,道宗即位后,于清宁元年(1055年)册封她为懿德皇后。清宁四年(1058年),皇后萧观音生下皇子耶律濬,从此更加得到道宗欢心,有专房之宠。

皇子耶律濬生来聪慧,类似其母,自幼好学知书。清宁九年(1063年)重元之乱后,年仅六岁的皇子耶律濬被封为梁王。原来圣宗、兴宗和道宗即位前,都曾受此封,故耶律濬受封为梁王,实际上就是被确定为皇位继承人了。但是道宗认为这样还不够明确。因为兴宗当初不仅受封为梁王,还曾正式被立为太子。然而兴宗时期因为有皇太弟重元这一层障碍,道宗即位之前,并无太子名义,当解决了重元问题之后,道宗决心要恢复立太子的制度。

辽咸雍元年(1065年)耶律濬八岁时,道宗正式立他为太子。在辽朝历史上,皇帝得以如此顺利解决立太子、确定皇位继承人问题的事例还不多见。要不是道宗无端猜疑,耶律乙辛很可能不能得逞,太子耶律濬很可能就顺利地继承皇位,于是道宗的继承人也就不会是天祚皇帝,辽朝后期的历史也会有很大不同。虽然历史的大趋势不是哪一个人所能改变的,但是统治者的个人因素,在一定条件下却会对历史进程发生作用。

重元之乱后,耶律仁先、耶律乙辛等人因为参与平叛有功,权势显赫,但耶律仁先很快遭到耶律乙辛排挤,出任南京留守,又改为西北路招讨使。奸臣耶律乙辛受到皇帝信任,地位扶摇直上,耶律乙辛独专北枢密院,在朝中专权、受诏,四方有军事,许便宜从事。

耶律乙辛是五院部人,五院部即原迭剌部之一部分,其另一部分则为六院部。因此乙辛实际上与皇族同出一部,只是因其家境拮据,故其父曾被人称为"穷迭剌"。乙辛自幼狡黠,善于伪装。重熙中,他作为文班吏,掌太保印,陪从仁懿皇后入宫。皇后见他办事干练、风度风雅,擢升他为护卫太保。道宗即位后,因其是先朝旧臣,并获得皇太后的好感,特赐给他汉户四十,还以他为同知点检司事,凡遇难以立下决断的重要事情,都要将他召来商议。后来又升任他为北院同知。枢密副使,清宁五年(1059年)为南院枢密使,改知北院,受封为赵王。清宁九年(1063年),他因平定重元叛乱有功,拜北院枢密使,进封魏王,赐"匡时翊圣竭忠平乱功臣"称号,咸雍五年(1069年),又加"守太师"衔。同时道宗还诏令,四方如有军旅之事,许乙辛便宜从事。

耶律乙辛与汉臣张孝杰结为奸党集团,专擅朝政,凡是对他们阿顺者都加以提拔,忠直的人遭到排斥,乙辛门下大多接受贿赂。张孝杰公然宣扬,"没有百万两黄金,不算是宰相家"。这个贪污、腐败的集团窃取了军政大权,并且还在阴谋篡夺更高的权位。

大康元年(1075年),道宗诏皇太子总领朝政。皇太子年轻有为,成了乙辛集团专权固宠的最大障碍,于是便决定通过构陷皇后来达到推翻太子政治地位的险恶目的。而此时的萧皇后恰好与道宗皇帝处于感情低谷,这就给了乙辛可乘之机。

道宗经过重元之乱后非常多疑,由于在位时间太长,十分懒政,政务上越来越采取对付的态度,甚至采用掷骰子抓阄的方式

随意任用官员。而宣懿皇后恰好又是个知书达理,在政治上不甘寂寞的女性,因此,她和道宗发生矛盾是不可避免的。道宗尚猎,常乘快马驰入深林邃谷,只身深入不测,扈从求之不得。

萧观音对辽道宗频繁的狩猎活动十分担忧,常常谏劝辽道宗停止田猎,道宗十分抵触,讨厌她多事。所以虽然表面上"嘉纳",但实际上却开始疏远萧观音,萧观音从此深宫孤寂。她自制一首《回心院词》,想以此打动丈夫的心,又叫宫廷乐师赵惟一谱上音乐。赵惟一殚精虑智,把《回心院词》发挥得淋漓尽致。一支玉笛,一曲琵琶,萧观音与赵惟一丝竹相和,每每使听得人怦然心动。辽朝没有类似中原王朝那样严格的后宫制度,伶人出入宫禁,陪伴皇后消遣,本不足怪。然而皇后身边有一宫女名单登,是汉人,见此情景甚为惊异。于是后宫盛传两人情投意合。

耶律乙辛听到传闻后,暗中派人作了《十香词》,并献给皇后。萧观音读后,深爱《十香词》,觉得它雅丽有致,除了亲手用彩绢抄写一遍以外,还在末端又写了一首题为《怀古》的诗:宫中只数赵家妆,败雨残云误汉王;惟有知情一片月,曾窥飞燕入昭阳。耶律乙辛立即让单登等人拿着萧观音亲手誊写的《十香词》到辽道宗那里诬陷皇后私通赵惟一。道宗听闻后,大怒,把此案交给耶律乙辛进行严查。这时宰相张孝杰乘机就《怀古》诗进行曲解:诗中"宫中只数赵家妆","惟有知情一片月",正包含了"赵惟一"三字,此正是皇后思念赵惟一的表现。至此道宗认定萧观音与伶官赵惟一私通，敕令萧观音自尽，赵惟一凌迟处死。萧观音请求再见道宗一面竟不获准，她对道宗的一片思念落得个三十六岁自尽而死。

皇后死后，乙辛又想加害太子。他利用道宗多疑的弱点，反复进谗言，并指使人诬告陷害。最终将太子害死，太子妃也死于乙辛之手。

辽大安五年（1089年）正月，道宗将要出猎，乙辛上奏将皇孙留在京城，同知点检萧兀纳谏说：皇孙尚且幼小，左右无人照顾，愿留臣加以保护，以防意外。于是道宗带着皇孙一起上路。

从此道宗开始怀疑乙辛，适逢皇帝起驾临幸北方，将到达黑山的平淀，恰好看见扈从官员多随乙辛身后，于是心中对他愈发反感。

辽大安七年（1091年）冬，乙辛以法令禁止的物品卖给外国而获罪，被发交有关部门议罪。辽大安九年（1093年），乙辛被处死。

辽朝自阿保机以后，统治阶级便不断展开残酷的争夺皇权斗争。在契丹早期，这些斗争的深层次原因是契丹内部两种道路、两种前途，即奴隶制和封建制、草原文化与中原汉文化之间的抉择斗争，斗争的胜利一方对契丹民族的发展具有很大的进步意义。辽兴宗以后，契丹内部的皇权斗争则表现为统治阶级的内部权力倾轧，愈发残酷黑暗，反映出辽朝统治集团日趋腐朽没落。

第三章

女真南侵和天祚帝败亡

大康六年（1080年），道宗封太子濬的儿子耶律延禧为梁王，确立其为皇位继承人，借以弥补从前的过失。大安二年（1086年）又为他行"再生礼"。本来只有皇帝和摄政的太后才得以行此礼。延禧行此礼，进一步明确了其作为皇位继承人的身份。大安七年（1091年），延禧只有十六岁，道宗即授他以最高军职——天下兵马大元帅，同时还总北、南枢密院事。

道宗晚年对政事尤为厌倦，用人没有标准，有时候让求官的人自己掷骰子，赢的人就授予官职。汉人耶律俨（本姓李）就曾经靠掷骰子取得官位，道宗还夸他有"上相之征"，当即由参知政事迁知枢密院事。道宗昏庸如此，其统治之下还能维持下去，一方面是因为燕云地区百姓的生计尚能够维持，另一方面是能与宋朝维持和好。

第一节
天祚帝即位与女真兴起

一、昏聩无能的末代辽帝

寿昌六年（1100年）十二月，年逾古稀的辽道宗开始向延禧移交权力，次年正月，他病死在混同江的捺钵行宫了。由于道宗生前早已做好安排，故延禧得以奉遗诏顺利即位于柩前，群臣为其上尊号曰"天祚皇帝"。

天祚即位后，在对待乙辛余党问题上，令朝中的正直大臣极为失望。乾统元年（1101年），他刚一即位，就将追查乙辛余党的大事交给了两个佞臣，北院枢密使耶律阿思和同知北院枢密使事萧得里底，耶律阿思借查案大肆收受贿赂，萧得里底不但不加以制止，反而共同贪赃枉法。

面对这种情况，曾因太子濬案牵连被流放到镇州的耶律石柳，虽被任命为御史中丞，但他指出：根本问题在于天祚皇帝本人多疑，经办惩治乙辛余党一事的官员又瞻前顾后，不敢切实推问，而耶律阿思等人则正好借此索贿。到头来，竟然连天祚的父亲——太子濬究竟葬在何处都未能查明，其他人的冤案不了了之就更是不足为奇了。石柳上书，要求天祚查清被追谥为"大孝顺圣皇帝"的葬所，"尽收逆党，以正邦宪，快四方忠义之心，昭国家赏罚之用，然后致治之道可得而举矣。"石柳在所上奏疏后面，还附录了顺圣被害致死的经过及乙辛作恶的诸多事实，然而奏折呈送上去即石沉大海。

天祚皇帝为群小包围，正人君子反而纷纷被其从身边赶走。耶律唐古，道宗大康年间官至大将军，性格坦率耿直，做事认真细致，如果别人有错误，一定坦诚告知对方。然而，他却不为道宗和权贵们所容忍，被外调为"西北戍长。"乾统三年（1103年），萧得里底出任西北路招讨使，并依仗自己是皇后之族，欺凌同僚属下。唐古看不下去，与之抗争，却被罢官。唐古向朝廷反映，却没有任何回音。

另一位大臣萧兀纳，他当初曾经冒着生命危险舍身保护天祚帝。后来，道宗又任命此人为天祚帝的老师。但当天祚帝还是太子的时候，他就曾经多次直言使得这位未来的皇帝大为扫兴。天祚帝即位后，全不念及当年的好处，首先把这位恩师从身边赶走，让他出任辽兴军节度使，同时给予"守太傅"的虚衔，以示尊崇，但天祚帝对萧兀纳不满是谁都看得出的。当时宫中有人诬告萧兀纳借用内府犀牛角未还。天祚帝当即下令清查此事。萧兀纳受此侮辱，不得不向天祚帝申辩：臣在先朝的时候，先皇下诏臣可以每天从内府取帑币十万，用于个人开支，我未曾借机多取一钱，现在难道会无故去借犀牛角吗？申辩虽然很有力，天祚帝还是下令免去了萧兀纳"太傅"衔，降为宁边州刺史。

与对耶律唐古、萧兀纳等正直官员完全不同，天祚帝对耶律俨等无耻小人则倍加重用。耶律俨专门善于察言观色，处处投天祚帝之所好。他的妻子邢氏有美色，耶律俨就令其经常出入宫禁，去讨天祚帝欢心，并且嘱咐她，千万不要让皇帝扫兴。这个专门用妻子美色取悦天祚帝的无耻之徒，竟然博得昏君的极大信任，乾统六年（1106年）受封为漆水郡王。天庆中，耶律俨病倒后，天祚帝仍然让他乘坐小车入朝，简直一天也离不开他，大辽政权最后就落在了这样的昏君和佞臣手中。

二、生女真完颜部的兴起

女真族是我国东北历史悠久的少数民族之一，他们居住在今东北地区东部，是一个非常古老的民族。先秦时期的肃慎当是其远祖。两汉时期称为邑娄；魏晋南北朝时称为勿吉，隋唐时称为黑水部，共七部，其中"黑水靺鞨居肃慎地，东濒海，南接高丽，亦附于高丽，其后渤海强盛，黑水靺鞨役属之"；五代时，契丹

尽取渤海地，而黑水靺鞨附属于契丹，始称女真。辽代的女真属通古斯语系，与属于阿尔泰语系的契丹族在语言文化上有很大差异。

女真所处地区气候寒冷，山多林密，"土多林木，田宜麻谷，以耕凿为业，不事蚕桑。土产名马、生金、大珠、人参及蜜蜡、细布、松实、白附子，禽有鹰、海东青，兽多牛、羊、麋鹿、野狗、白貔、青鼠、貂鼠，花果有白芍药、西瓜，海多大鱼、螃蟹。冬极寒，多衣皮，虽得一鼠亦褫皮藏之。皆以厚毛为衣，非入屋不彻。"

他们善于步战，每个人都异常劲健。黑水部人俗皆编发，项间缀以猪牙为饰物，头上插雉尾。当时，他们已经懂得种植粟、麦，虽有马，但主要是用来驾车，种田仍然以人力实行耦耕，故其生产力水平不过相当于中原西周时代或更早些时候。

耶律阿保机时，虑女真为患，为便于对女真进行控制，便分散其力量，将其中较为强大、汉化较深的女真人迁到辽阳以南，编入辽籍，直接控制，史称"熟女真"；其未被迁徙的，仍在北者，即仍留居"粟末江（今松花江）之北，宁江州（林省扶余县境）之东北者，地方千余里"。他们不编入辽的户籍，社会发展水平较低，史称"生女真"。生女真包括几十个部落，"户口十余万，散居山谷间"。其中完颜部是比较大的一部。

最初，以"完颜"为号者不止一部。其中以居住在按出虎水（今黑龙江哈尔滨以东阿什河）流域的完颜部最为强大。后来建立金王朝的就是这一部。"按出虎"意为"金"，完颜部居按出虎之源，该地故名金源，"建国之号盖取诸此"。而从松花江中游到黑龙江下游的广大地区则分布着另外五个较大的生女真部族，称为五国部。

十世纪末以前，完颜部还过着"夏则出随水草以居，冬则入处其中""迁徙不常峋"的渔猎和游牧生活。

十世纪末、十一世纪初献祖绥可时代，才定居于"按出虎水之侧"，绥可教人"剖木为器，制造舟车，种植五谷，建造屋宇"，女真族逐渐过上了定居的农业生活。

十一世纪中叶昭祖石鲁时代，完颜部尚"无书契，无约束，不可检制"，石鲁首先对部落内的氏族成员"稍以条教为治"，然后用武力征服附近诸部，"所至克捷"，终于"役属诸部"，开始形成部落联盟组织。石鲁还曾接受辽朝委任的惕隐之职。

景祖乌古乃（1021—1074年）为酋长时，"稍役属诸部，自白山、耶悔、统门、耶懒、土骨论之属，以至五国之长，皆听命"，完颜部已成为统一女真诸部的核心，乌古乃被各部推选为"诸部长（即部落联盟长）"。又因助辽计捕拔乙门（五国蒲聂部酋长，叛辽，阻断鹰路）有功，咸雍八年（1072年），被辽任命为生女真部族节度使。此时，女真族的声势更盛，"有官属，纪纲渐立"，女真族的社会在向前发展。而此时铁的输入则起到了推波助澜的作用。生女真本无铁,"邻国有以甲宵来易者",女真人便"倾贷厚贾以与贸易","得铁既多,因之以修弓矢,备器械,兵势稍振,前后愿附者众"。由于铁兵器的输入,更加强了女真族的军事力量。同时,由于铁制生产工具的制造和使用,使社会生产力有了飞跃的发展,当时,除冶铁业外,还有织布业也成为女真族重要的手工业部门之一,(女真)"土产无桑蚕,惟多织布,贵贱以布之粗细为别"。随着生产力的发展,生产有了剩余,它同邻国和辽朝的贸易很频繁。随着剩余产品的增多和交换的频繁,私有财产出现,阶级分化逐渐明显,战俘、负债人以及犯罪者的家属逐渐转化为奴隶,如《金史》卷六五载:"康宗(乌雅束)时,进师北琴海辟登路,攻拔乱式城,取畔者以归。"有一年,农业歉收,很多"贫者不能自活,卖妻子以偿债"。据《金史·世纪》载,"及有犯法征偿莫辨,折身为奴者。"财富日益积聚在女真贵族的手中,他们逐渐转化为奴隶主。贫富分化和阶级分化现象的出现,标志着女真族的历史已向文明时代的大门跃进了。

穆宗盈歌(1053—1103年)时,继续袭封生女真节度使。他也曾为辽朝效力打通五国鹰路,并替辽朝擒斩了逃入女真地区的叛臣萧海里。穆宗因此"大被(辽主)嘉赏,授以使相,赐予加等",同时也使女真族的军事力量有所壮大。穆宗在捕讨萧海里时,"募军得甲千余,女真甲兵之数,始见于此";此役也使女真人探知了辽军的虚实,"金人自此知辽兵之易与也"。穆宗时期还统一了女真诸部的号令，加强了自己的权力，于是在辽朝的东北界外，已经出现了一个强大的对抗势力。

辽天庆二年（1112年）十月，阿骨打担任了女真部落联盟的部落联盟长（即都勃极烈），次年六月，袭节度使。他"承杨割（即盈歌）富庶之余，兵强马壮"。内则"力农积谷，练兵牧马"，"外则多市金珠良马，岁时进奉赂遗，以通情好"。在壮大自己力量的同时，注意麻痹辽统治者。而这时，正是辽天祚帝对女真各部进行残暴统治的时期，辽朝的黑暗统治严重束缚了女真的发展。女真族若要求得社会的发展，必须冲破辽朝的束缚。

作为辽朝的属部，故辽主每年秋猎，生女真首领照例须前往效力。他们辛苦在前，享乐却无份，根本不被辽朝统治者放在眼里。这种情况，导致他们对辽朝统治产生了强烈不满，并不时给辽朝制造边患。生女真对辽朝的隶属关系并不牢固，他们在辽和高丽之间叛服无常，辽对他们不过是"羁縻"而已。如果辽朝统治者对这种关系处理得当，生女真则仍可继续作为辽的属部。然而，辽末契丹统治者对生女真各部的骚扰日甚一日，致使生女真对辽离心离德。

辽后期，契丹统治者对生女真各部的骚扰与辽宋榷场贸易有直接关系。北宋徽宗崇宁间，开封统治集团盛行奢侈之风，宫禁中竟尚北珠。这种珍珠是北宋通过榷场贸易从辽朝获得的，其美者大如弹子，小者如梧桐子，而辽朝则取之于生女真五国部地区，

即今俄罗斯境内远东地区的大海中。每年八月十五日，月白风清之时，则正值北珠大熟，珠都藏在珠蚌内。北方严寒季节来得早，阴历九十月间，海边往往即覆盖着厚达尺余的坚冰，到此时，人们若取蚌取珠，就得凿冰入海，但无论身体如何强健，也耐不过水中的寒冷。当地产一种天鹅，以蚌为食，吃了蚌以后，即将珠藏在嗉内。此外，还有一种猛禽，叫"海东青"，是一种专能击杀天鹅的鹘鹰。人们只要能得到海东青，也就能够捕得天鹅，并从其嗉中取珠。"海东青"绝非一般的鹘鹰，因为非常稀少，因此很难得到。这种被称为海东青的鹘鹰来自五国部以东的大海上，契丹统治者为了多得北珠，每年都派遣鹰坊子弟督促生女真发兵千余进入五国部境内，从海东青巢穴中捕获，但五国部也深知海东青的珍贵，绝不肯白白让人把他们的海东青取走。所以，生女真每年都为此和五国部发生激烈战斗。

辽朝统治者需要用北珠换取北宋的高档消费品，他们爱珠如命，同时也爱鹰如命。生女真逐渐不堪其扰，小小的海东青，激化了辽朝统治者与生女真各部的矛盾，以致成为压垮辽帝国的最后一根稻草。

辽朝使者每次带兵前来，都毫无例外对生女真各部科敛百出，要求生女真人进奉各种各样的礼物。这些贪官污吏，贪得无厌，为非作歹，特别是所谓的"银牌天使"，每次到来，还要寻找生女真人的年轻女子"荐枕"。最初他们是在中、下户人家留宿，以未嫁女子侍寝。后来，使者络绎不绝，自称奉天子使命，专择美貌的已嫁妇女侍寝，而且不问其社会地位高下。这种屈辱早已令生女真人，尤其是部族首领们不堪忍受。他们为反对辽朝使者的骚扰，不断起而阻绝鹰路。辽道宗寿昌二年（1096年），陶温水、徒笼古水纥石烈部阿阁版及石鲁阻断前往五国部的鹰路，并且执杀了辽朝的捕鹰使者。为此，辽道宗诏令生女真节度使、完颜部首领盈歌为之讨除。阿阁版等据险设立栅障。盈歌招募善射者操劲弓利矢猛攻，经过几天的激战，终于攻入城内，救出了辽使数人。

盈歌与辽只不过是相互为用，辽利用他进行鹰路之战，保持鹰路的畅通，他则借重辽的声威，乘机臣服女真各部。寿昌二年（1096年），唐括部跋葛勃堇被温都部人跋忒杀害，盈歌命阿骨打率兵讨伐跋忒，为纥石烈部的阿疏所阻拦。当盈歌亲自率师前来讨伐时，阿疏则向辽朝求援。此事数年未决。直至寿昌六年（1100年），阿疏仍向辽朝不断申诉，辽朝于是派遣奚节度使乙烈前来，要求盈歌赔偿阿疏的损失，凡是攻城后的战利品，还在的归还，不在的加倍赔偿。盈歌及其僚佐从这件事中充分认识到，辽对生女真各部实现统一是非常不情愿的，这就是他们为什么要支持阿疏的真正原因。完颜部如果这一次开了向阿疏赔偿的先例，则以后即无法再号令诸部，辽阻挠生女真统一的计划也就奏效了。

于是，他们决定无论如何不能向阿疏让步。盈歌暗中令主隈、

秃答两水流域的女真人故意阻绝鹰路，同时又让鳖故德部节度使对辽朝说，要开鹰路，非得借助于生女真节度使盈歌不可。辽朝不知道这是盈歌设下的圈套，于是就命盈歌讨伐阻绝鹰路使者，而阿疏索赔之事却不再提起了，鹰路也自然重开。

在鹰路之战中，真正获利的是生女真节度使——完颜部首领盈歌。辽朝对他依赖越深，他号令生女真各部的权威也就越大。乾统二年（1102年），辽将萧海里劫持乾州武器库的兵甲，叛入女真阿典部，并派遣其族人来约盈歌共同伐辽。辽派兵数千捉拿萧海里，却没有成功。而盈歌却以所征募的甲兵千余人，将萧海里捉拿并杀死，然后将萧海里的首级送往辽国。自此以后，辽朝的虚弱本质，尽为女真人所知。第二年，盈歌病故，其兄刻里钵的儿子乌雅束接任大位。乌雅束在位11年。在这期间，完颜部进一步加强了对生女真各部的控制，并且协调了与高丽的关系，从而使得他们在未来对辽的战争中，免除了后顾之忧。

第二节

阿骨打起兵与天祚帝被俘

一、头鱼宴逆命

宁江州（今吉林扶余东南石头城）境内是辽后期春捺钵的通常地点，每年初春，辽主必至其地凿冰捕鱼，并且纵鹘鹰搏击天鹅以为娱乐。届时，生女真各部亦皆来献方物。

其实，这是一种以"朝贡"为形式的贸易，只不过这种贸易极不公平。辽朝故意压低女真人带来的各种皮草同辽朝货物的比价，对女真人巧取豪夺，并把这种不义行为叫作"打女真"，这种不平等的贸易关系是导致女真人仇视辽政权的重要原因之一。女真人的不满由来已久，辽朝统治者对此也早有警惕，每年的春水、秋山活动就成了他们检验各部酋长对朝廷是否效忠的时机。女真各部必须随从辽朝皇帝左右，效犬马之劳。

辽天庆二年（1112年），天祚皇帝在混同江钓鱼的时候，按照旧例，女真诸国酋长都前来献方物，辽朝也举办盛大宴会招待各方首领。酒酣耳热之际，天祚皇帝让诸部酋长依次跳舞助兴，这实际上是一种变相的人格侮辱，而天祚皇帝是要借此考察女真各部首领的忠诚。轮到阿骨打的时候，阿骨打只是端坐正视，以不会跳为由，大扫天祚皇帝的面子，搞得头鱼宴不欢而散。天祚皇帝憋了一肚子气，他对北院枢密使萧奉先说：阿骨打意气英发，豪迈熊武，这个人不简单，必须借机杀掉，不然的话恐有后患。而平时狡诈此时却愚笨的萧奉先却认为阿骨打只是个粗人，不懂礼数，不必过分警惕此人。这件事才算过去。

辽咸雍四年（1068年），阿骨打出生在按出虎水的女真部落中。据传说，阿骨打的母亲怀孕时，体重超过一般孕妇，阿骨打降生之时，河水沸腾，彩云再现，林中的野兽也狂欢舞蹈。辽国司天监孔致和看到五彩祥云屡出按出虎水，便说：天象预警，这一带一定会有超群的人诞生。

阿骨打小的时候，气力过人，言语不多，举止庄重。他7岁开始学习射箭，在女真人中间，曾流传着少年阿骨打"三箭惊辽使"的传奇故事。即连续三箭不停，三只燕雀应声落地。当时在场的辽使惊叹道："令郎好箭法，真是奇男子啊。"从此阿骨打为"奇男子"的说法，在女真人中流传开来。

阿骨打23岁开始随父征战，他异常勇猛，人不带盔，马不挂甲,来往城下,号令诸军,令上下佩服。阿骨打25岁的时候,表现出全面的政治、军事才能,成为父亲劾里钵的左右手。他帮助父亲在女真族内部实行照顾贫民的"盗一征三"的盗贼征赔法,废除了以前的一律处死的残酷刑法,又废除了"女真内部卖儿卖女偿债的旧制度"。部众听到后,都感激涕零,欢呼雀跃。由此,阿骨打在完颜部树立了崇高的威望。

阿骨打在头鱼宴受辱后,愤愤不平地回到完颜部。既然与辽朝的关系已经不可挽回地彻底决裂了,他索性积极备战,准备乘机反辽。为此积极扩大完颜部的实力,首先兼并附近的部族,关系好的就通过通婚的方式进行兼并,关系差的就用军事力量进行征讨,通过利用强制和诱纳的手段,加快统一女真各部。《契丹国志》记载,渤海女真有"赵三、阿鹘产王者,拒者不从,阿骨打掳其家。"二人到辽朝告状,辽朝出面干预此事。

天庆三年(1113年)三月某日,阿骨打率500骑兵突然闯入咸州,吏民大惊。次日,阿骨打赶赴详稳司,与赵三等人当面对质,阿骨打毫不屈服,暂被关押在详稳司,不过,晚上他又跳墙跑掉了。随后,阿骨打派人向辽朝递送申诉状,称详稳司要无故杀他,所以不敢留在处所。从此以后,辽朝虽然多次召他入朝,他都称病不去。

十月,乌雅束病故,阿骨打继承了完颜部酋长大位,称"都勃极烈"。辽朝派遣阿息保前去责问阿骨打为什么不向辽廷告丧,阿骨打非常不服气，他反问辽使："有丧不能吊，而乃以为罪乎？"辽朝对他的强硬态度无可奈何。一年后，天庆四年（1114年），才遣使任命他承袭生女真节度使的官职。辽朝这样做，完全是出于不得已。"节度使"是辽朝授予阿骨打的官职，都勃极烈则是生女真人自己对首领的称呼。

阿骨打袭位后，为了争取政治上的主动，进一步遣使到辽廷，要求辽朝遣返阿疏。天庆四年（1114年），他再次派遣宗室完颜习古乃及完颜银术可向辽索取阿疏。其实，他们的真实使命是要探听辽朝虚实。回来后，他们详细汇报辽朝政治腐败、经济凋敝的现状。阿骨打听了以后，正式决定起兵反辽，开始整军备战并积极发展生产。阿骨打是个讲求实际的人，早在其父兄执政的时候，就曾协助他们"力农积谷，练兵牧马"，他当首领后，屡次与部下商议怎样才能防止辽朝的突然袭击。大家一致认为应该加强守备，于是阿骨打在拉林河右岸（今黑龙江双城、五常境内）"备要冲，建城堡，修戎器"。

辽朝东北统军使听到风声后，派遣节度使涅哥问生女真修战具、饬守备意欲何为。阿骨打只说是"设险自守"。辽朝不放心，又派遣阿息保来责问，阿骨打则毫不客气地对辽朝加以谴责，并指出，如果把阿疏交还给我，就一定前去朝贡，如果不行，我总不能束手就擒吧。这等于公开向辽朝宣战了。

辽朝认为事态紧急，也开始采取一些防备措施，如在东北部与女真交界地区建立宾州怀化军,在黄龙府辖区建立城堡、障碍、烽台,在混同江、疏木河之间修筑城堡、堑壕,在边境增派了驻军等。

二、宁江州及出河店之役

生女真完颜部势力的壮大,早已引起辽朝一些有识之士的关注,他们一再提醒天祚皇帝应加强防范。当他即位之初,太傅萧兀纳被夺官后曾任临海军(锦州军号)节度使,上书指出,自萧海里逃亡到女真境内之后,女真即有轻朝廷之心,故应加强兵力,以备不虞。

辽朝的宁江州,虽然与完颜部所居之按出虎尚有一段距离,但却是辽朝与女真发生联系的要地。该州军事上隶属于长春州东北路统军司。女真人每年来宁江州参加春捺钵活动及进行贸易,对这一战略要地早已相当熟悉,特别是阿骨打还曾亲自到这里参加过天祚皇帝的头鱼宴。但辽朝一直疏于防范。早在天庆元年(1111年),萧兀纳初知黄龙府,统辖东北路统军司,亦即成了宁江州的军事长官,曾再次向朝廷上书说:"臣的治所和女真地接壤,我观察他们的所作所为,其志非小,应该趁他们还没有行动,抢先进攻他们。"他还建议加强对生女真的防御,但辽廷根本不予重视。

直到天庆四年(1114年),阿息保从生女真地区归来,获悉阿骨打确实在备战，天祚皇帝才开始调浑河以北诸军增援东北路统军司。与辽朝统治者漫不经心的态度正相反，阿骨打一直密切注视着宁江州方面的动静，为揭竿而起寻找时机。为了做到心中有数，他两次派仆聒剌前往辽境，观察辽朝动静。

得知辽军调动的消息后，阿骨打马上派仆聒剌再次向辽朝要求引渡阿疏，仆聒剌是个胆小鬼，不敢接触辽军，只是远远地观望。回来后说，宁江州的辽兵已经多得不计其数。阿骨打对此很怀疑，辽军刚刚开始调动，不可能一下子就集结那么多。于是，他又派胡沙保前去打探，胡沙保是个胆大心细的人，他千方百计与契丹兵接触，得到了真实的情报。原来，宁江州只有四院统军司与宁江州军及渤海军800人，胡沙保还说，一次与辽兵在路上相遇，认识胡沙保的辽兵还取笑他说，听说女真要作乱，就是你们这些人啊！胡沙保的情报与阿骨打的估计相符。胡沙保建议，若是过些时候，天冷河封，辽会集大军来攻，我们就失去了机会，乘现在辽兵不多，我们完全有战胜的把握。于是，阿骨打决定先发制人，对宁江州发动攻击。

为了统一女真各部的思想，制造起兵反辽、先发制人的舆论，阿骨打很重视思想舆论工作。他利用各种方式召集女真各部酋长耆老，将准备伐辽的实情告知大家。耶懒路完颜部酋长石土门的弟弟阿斯懑去世，阿骨打前去奔丧，把宗翰、宗干、希尹等重要将领都带去，以视重视，并就此时机商议举兵大事。族人汇聚后，举行隆重的祭祀仪典,这时,一只黑色的老鹰从东向西飞来,阿骨打弯弓射去,飞鹰中箭坠地。石土门对阿骨打说,人们都厌恶老鹰,你今天一箭把它射下来,是个吉庆的好兆头。阿骨打以此为题,与石土门统一了伐辽大计。

当时的女真部族还留有很强的母系氏族残余影响,阿骨打的母亲去世后,他拜见了很有影响力的婶母(肃宗皇后),向她汇报了伐辽的决定。婶母给了他很大的支持。为了使女真各部同仇敌忾,阿骨打除了在各个场合控诉辽朝对女真的残酷压迫外,还从心理上把女真人推到破釜沉舟的境地,他说,辽人知道我们准备反抗他们的压迫,召集了各路军队要进攻我们,我们怎么能束手待毙,为什么不先发制人呢?

自头鱼宴后,经过了一年多紧锣密鼓的准备,阿骨打认为,举兵反辽的时机已经成熟了,于是,呼啦啦地举起了反辽的大旗。

辽天庆四年(1114年)九月,阿骨打率领部将和女真各部精兵2500人,在来流水东岸(今拉林河南岸,吉林扶余徐东店乡石碑海崴子)举行反辽誓师大会,这就是历史上有名的"来流水誓师"。那一天,天高云淡,晴空万里,山川红叶如火,女真将士列队整齐,威风凛凛。这预示着生女真民族积蓄了几千年的能量就要迸发了,而一旦迸发就势不可挡,成为日后中国历史的主要角色。

雄才大略的阿骨打全身披挂,策马来到一处高岗上,率众杀青牛白马，祷告天地山川，拜告列祖列宗，而后宣读伐辽檄文。檄文内容分为三部分，第一部分慷慨激昂地控诉辽朝统治者对女真各部的种种残暴统治和剥削压榨，以及令人不堪的人身侮辱。阿骨打说到激动处，声音哽咽，这些话深深刻在了女真将士的心坎中，换来的是女真将士震天动地的呐喊。第二部分是以阿疏事件为理由，向辽朝问罪。阿骨打在誓词中，把不交阿疏作为辽廷的一大罪状。但其后辽帝国崩溃后，女真人抓到了阿疏，只不过打了几板子就当即释放了。后来每当有人向阿疏请教名字的时候，他都幽默地说："我叫破辽鬼。"第三部分是激励将士，严明奖惩事项。阿骨打当众宣布说：大家同心协力，有功的，做奴婢的一律从良为民，是普通民众的提拔为官，是官员的按照功劳大小进行提拔，如果违背誓言，身死梃下，家属无赦。

　　接到东北路统军司关于宁江州遭到女真军攻击的报告时，天祚皇帝正在庆州射鹿，他丝毫不以为意，派遣海州刺史高先寿统率渤海军前去增援。

　　女真军到达辽界，阿骨打命士卒夷平辽朝用于防御的壕堑。一入界，就与渤海军相遇，金军首先击溃了渤海军。女真与渤海均属于肃慎系，渤海军顽强的战斗精神给阿骨打留下很深的印象。其后，辽军援军很快赶到。阿骨打亲自射杀了辽将耶律谢十，冒着锋镝向辽军发起冲锋。辽军阵脚大乱，抱头鼠窜，伤亡殆尽，残部退入宁江州城中固守。很快，女真大军就到达了宁江州城下，萧兀纳孙子战死，萧兀纳退守城内，仍然招架不住，于是留下官署守御，自己率领300骑兵渡过混同江，向西逃走，宁江州城遂被女真军攻陷。

阿骨打在攻克宁江州的前后，通过军事攻势与政治攻势相结合，利用契丹、渤海民间的反辽情绪，分化瓦解辽军，不断扩大战果。一是暗中释放了防御使药师奴。此人姓名表明，他是渤海王族，女真军认为他与辽有世仇，相信他会同情女真，所以又偷偷放他回去，劝辽人投降。此外，阿骨打又让渤海人梁福、斡答剌也偷偷逃走，回去招谕东京附近的渤海人。阿骨打对他们说："女真、渤海本同一家，我兴师问罪，不滥及无辜也。"他还命完颜娄室去招谕熟女真。通过各种办法来削弱辽朝，壮大自己。

宁江州战役结束后，阿骨打对女真部族的军事组织进行了整顿。女真人原来就有称为"谋克"的军事组织，是在部族组织基础上编成的。经整顿后规定，每300户为一谋克，10谋克为一猛安。女真军实行这种整齐划一的编制，大大削弱了原来的部族组织，使女真各部的统一得到加强。

宁江州失陷的消息传到辽廷，天祚帝不得不终止游猎活动，召开紧急会议商讨军情。会议上，一些对女真有较多了解的大臣主张派重兵进行镇压，另一派认为先派一部分兵力就够用了。天祚帝采纳了后一种意见。辽以枢密使萧奉先弟弟萧嗣先为东北路统军使，原来的东北路都统萧兀纳（萧挞不也）为副都统，发契丹、奚军3000人，中京禁兵及土豪2000人，另外又选诸路武勇2000人，驻屯在距宁江州不远的出河店（今黑龙江省肇源县茂兴站南，嫩江与第二松花江交汇处北岸五里）。萧嗣先凭借一江之隔，以为敌人不会轻易打过来。然后准备舟船，拟渡过鸭子河，寻求女真军主力决战。

阿骨打得到情报后，立即统率3700名女真兵，向鸭子河南岸运动。关于此战，还有一个传说，战前阿骨打见将士们非常疲劳，就下令就地休息，准备第二天决战。但阿骨打刚进入梦乡，仿佛觉得有人在摇他的头，一连摇了三下。阿骨打猛然惊醒，顿悟道，这是神明指使自己连夜起兵啊！于是就立即率军夜行，女真军正好利用辽军这种麻痹思想，于当年十一月间偷偷渡过混同江，对辽军出其不意发动攻击，梦境尤酣的辽军仓促迎战。恰好这时，大风四起，尘埃蔽天，彪悍的女真骑兵一举攻入城中，势不可挡，辽军当即溃不成军。身为一军统帅的萧嗣先率先逃跑，与他一起逃命的还有另外十几个将领。

萧奉先害怕朝廷会追究其弟萧嗣先不战而逃的责任。于是，在出河店溃败之后，他就奏请天祚皇帝从轻处罚败军之将，他胡说东征溃军四处逃散，所至劫掠，如果不赦免的话，这些败兵就将啸聚造反。天祚皇帝最害怕有人造反，于是就按照萧奉先的建议赦免了这些战败的兵将，萧嗣先但免官而已。然而，这样一来，后果更为严重，诸将以为"战则有死而无功，退则有生而无罪"，从此以后，士无斗志，遇敌则溃逃。女真军乘势追击到斡论泺，虏获车马、甲兵、珍玩不可胜计。辽人曾经说过，如果女真兵满万，则将无敌于天下。至此，这支令辽人丧胆的女真军果然达到了万人。

三、草创金朝阿骨打称帝

早在天庆四年（1114年）九月，女真人在宁江州获胜之后，阿骨打派人把胜利的消息告诉了在部落留守的国相撒改，并把从耶律谢十那里缴获的战马送给他。撒改十分高兴，派其子宗翰与完颜希尹来前线祝捷，同时劝阿骨打称帝，建立女真人的国家，但阿骨打不肯。他说："一战而胜，就称大号，示人何浅也。"

女真军其后所向披靡，势如破竹。十月攻克宁江州，十一月大败辽军于出河店，继而攻下宾州、祥州、咸州等城，基本摧垮了女真与辽朝交界地带所设置的军事防线。其后，阿骨打的弟弟吴乞买和撒改等率众将再次劝阿骨打称帝，阿骨打还是没有答应。阿骨打是一位深谋远虑的政治家。他何尝不想称帝，但是阿骨打心里清楚，称帝是迟早的事情，关键是如何把握好火候。他的谦让只是为了进一步观察各部落首领和各路将领的态度。

但是新兴的女真族要取得反辽斗争的胜利，迫切需要树立起一面旗帜，建立自己的王朝，产生自己的皇帝。阿离合懑、蒲家奴、宗翰等都说："今大功已建，若不称号，无以系天下心。"阿

骨打有一个渤海后裔的谋士叫杨朴,熟读经史,原来在辽朝做小官,阿骨打起兵后,弃官来投,深得阿骨打信任。他给阿骨打分析了建国的可能性、必要性和迫切性,杨朴指出,现阶段反辽只是小打小闹,如果不在制度上、体制上做一番变革,是根本没有出路的,人心很快就会不稳。只有变家为国,把女真部落发展成为一个国家,成就帝王大业,才是正确的选择。当断不快断,祸来快如箭!

阿骨打接受了他们的建议。他说,辽朝立国,以镔铁为号,取其坚硬之义。镔铁虽然坚硬,终究是要变坏的。我认为,世上只有金子不变也不坏,金子色白,完颜部又崇尚白色,我看就以"金"为国号吧!

辽天庆五年(1115年)元旦,阿骨打宣布即皇帝位,以金为国号,建元"收国",史称金太祖。

金太祖立国后,他便一刻也不停顿地对辽展开攻击。他首先以黄龙府(今吉林农安)为攻击目标。

黄龙府位于第二松花江下游左岸,北控女真所在的广大地域,南通辽朝各州,民丰地饶,是辽朝在黑龙江地区最大的赋税收集地,素来有"银府"之称。与宁江州相比,宁江州是一个边贸城市,是辽朝控制女真的北疆前哨;而黄龙府则是辽朝的一条经济命脉,不仅是辽在东北的军事重镇,更是女真通往辽朝腹心地区的必由之路，战略位置非常重要。

为了打好黄龙府之战，阿骨打召开军事会议，商讨攻取黄龙府的计划。完颜娄室认为，黄龙府城池坚固，守备甚严，强攻一旦遇阻，辽军援军赶到，就会腹背受敌，因此最好的策略就是先断其羽翼，扫清附近的援敌，再重兵围困孤城，然后决战攻城。这个建议采取围城打援、以迂为直等战略战术，充分显示出金军将领极高的军事素养。

金收国二年（1116年）正月，阿骨打率兵攻打黄龙府西北部城镇达鲁古（今吉林省扶余北古城子）及附近城寨，途中遇辽朝都统耶律讹里朵统率的20万辽军。这是一场遭遇战，也是一场血战，双方杀得难解难分，金军数次遇险。最后在阿骨打的镇定指挥下，合力破阵，最终大破辽军，金军顺利攻占了达鲁古城，一直追到阿娄冈。七月，阿骨打派遣娄室与银术可讨平黄龙府东南诸粤部城邑，八月，讨平黄龙府西北诸城寨，而后，阿骨打率领大军渡过混同江，兵围黄龙府。

黄龙府攻城战进行得异常艰苦。金军没有攻城经验，伤亡很大，阿骨打看到城上的木制角楼时，突然灵机一动，想出了火攻之计。他选派精兵靠着攻城梯，将点燃的火把投向木制角楼，霎时间，角楼一片火海，城上的辽军乱作一团。金军主将完颜娄室奋不顾身，首先带人从东北角攻入，然后打开城门，金军一拥而

入，辽军弃城而逃。

黄龙府内有一座佛塔，相传是辽圣宗耶律隆绪修建的。有一天，辽圣宗找到一个法力无边的云游和尚，请他预测辽朝未来。和尚说，大辽江山万世永固，但不久，在北部将有一条土龙出世，与辽帝争夺天下，可早下手治之。耶律隆绪询问补救办法，该和尚提出在黄龙府东北60里处修建一座佛塔，就可以去病趋祥。耶律隆绪开始在民间征集能工巧匠，按照和尚提供的模型建造佛塔，刚修到第六层的时候，突然从塔东冒出一股泉水，将塔冲塌了。大臣解释是这条土龙顺着泉水逃遁到黄龙府内去了。耶律隆绪只好下令在黄龙府内重修一座佛塔，这座塔就是至今仍然存在的农安古塔。

在金人咄咄逼人的攻势面前，天祚皇帝为保持其尊严，不得不宣布要"亲征"。然而前线接连不断战败，"亲征"又有何用呢？所以事实上他仍是取守势，并没有力量主动出击。

天祚皇帝又把希望寄托在议和上。他在下诏亲征的同时，即遣僧家奴前去议和，但又不肯放下架子，在约和的书信中指名道姓地斥责阿骨打，令其臣服为属国。这样"约和"当然不会有任何结果。随后，三月、五月，辽又两次遣耶律章奴使金约和，双方再度相互指斥、攻击，亦无结果。阿骨打对辽朝交替运用的和、战两手策略都予以针锋相对的回击。他提出的议和条件是归还叛人阿疏，同时要求辽把黄龙府迁往别处，这些要求，辽也断然加以拒绝。

阿骨打一边与辽周旋，一边抓紧时间调整内部关系。七月，他着手改变与国相撒改分治诸部的旧体制，既然已经称帝，也就意味着他已不仅仅是诸勃极烈中最大的一个——都勃极烈，其地位已经跃升到诸勃极烈之上了。他以弟弟吴乞买为谙班勃极烈，国相撒改为国论勃极烈，辞不失为阿买勃极烈，弟弟斜也为国论昊勃极烈。这样，勃极烈之间就出现了高下之别，正因为如此，站在一切人之上的皇帝，其地位就越发变得高不可攀了。至此，已经没有人再同阿骨打比肩而立了，特别是国相撒改，原来曾与阿骨打分治诸部，此时甚至位居吴乞买之下。这是金太祖阿骨打运用专制皇权的封建政治原则改造女真部族获得的初步成功。

当时，金朝处于庶事草创时期，典章制度极其质朴。阿骨打即位初期，没有城郭宫室的皇室制度，他的居所叫"皇帝寨"，此外还有"相国寨""太子庄"。可以说，阿骨打是一位名副其实的土皇帝。最初，女真城寨多以其首领名字命名，称"某某孛堇寨"。在女真人看来，皇帝无非是一个势力最大的孛堇，故称其所居住的村寨为"皇帝寨"。宣和七年（金天会三年，1125年）宋使许亢宗到金时，阿骨打已死，即位的皇帝是弟弟吴乞买，即金太宗。当时金太宗所居"皇帝寨"已经改称为会宁府。许亢宗眼中的会宁府仍是一派荒凉景象：一望平原，旷野间有居民数十百家，星罗棋布，交错分布，没有层次分隔，也没有城郭里巷，

但房屋都背阴向阳，便于放牧，自在散居。许亢宗的队伍又前行了一二里，接近皇城的位置时，出现了高达丈余，面积三四顷的建筑，这就是当时金朝的皇城。当阿骨打在世时，连这样的气派都没有。

盲目自大的天祚皇帝根本没把所谓的"大金皇帝"放在眼里。直至天庆五年（金收国元年，1115年）八月，天祚皇帝才"罢猎"，赶赴军中。他重新部署对女真的战争，以萧奉先为御营都统，萧胡睹为先锋都统，耶律章奴为都监。这几位契丹将领率正军五部及由贵族子弟千人组成的"硬军"，扈从百司组成的护卫军、好汉军步骑3万人，自长春州出发，分头向已为金军攻陷的宁江州等地挺进。但是，金军在阿骨打带领下，赶在辽朝援军到来之前，攻陷了黄龙府。天祚帝为这一消息震惊。十一月又以号称70万之众的辽军征讨女真。这是一次事关金辽命运的决战。金辽军力对比是1:35，是人类历史上最不可思议的决战。

阿骨打知道后，将各部酋长聚集在一起，用刀割脸，仰天大哭道：我开始与大家一道起兵抗辽，无非是想要自立建国以摆脱苦难。现在我为大家向辽朝请降求和，天祚皇帝却下令要将我们剪除殆尽，如果大家不人人奋勇当先，以一当十地死战，肯定是挡不住辽军进攻。与其这样，不如杀了我这一族，你们投降辽朝，这样就可以转祸为福了。诸位酋长这时都拜在阿骨打帐前，一起发誓说："事已至此，惟命是从，以死拒之。"金军士气大振。

就在辽金即将展开历史性决战的时刻，辽军都监耶律章奴公然谋反。他与魏国王耶律淳的妻兄萧敌里及外甥萧延留等诱胁将卒三百余人从前线返回上京。耶律章奴遣萧敌里和萧延留告知耶律淳，他此举的目的就是要废天祚，立耶律淳为帝。耶律淳听后犹豫不决，他认为，主上自有诸王当立，北院南院大王不来，而你却言之凿凿立我为帝，这不合理啊！耶律淳认为即使自己即位当皇帝，也应该由北、南院大臣来拥立他，而不应该是这样两个小人物。这时，天祚帝也顾不上征讨女真了，偷偷从前线西还。他一方面遣驸马萧昱率兵去广平淀行宫保护后妃们，另一方面又派行宫小底乙信带着他的诏令赶往上京，告诉魏国王耶律淳：耶律章奴一伙是要谋废立。耶律淳得知天祚帝无恙，当即将萧敌里和萧延留斩首，然后赶到广平淀行宫向天祚请罪，天祚帝知道他不与耶律章奴合谋，故仍然待之如初。

耶律章奴见势不好便率领一伙人西行至庆、饶、怀、祖等州，到处宣传之所以举兵是因为天祚帝只知道享乐，不理朝政，强敌肆侮，大辽危于累卵。他重申废昏立明是为了救万民之命。当时耶律章奴的确得到不少人的拥护，所部众至万人。当他向广平淀行宫发动攻击时，其同伙耶律女古等乘机大肆劫掠妇女财畜，耶律章奴却不加以制止。这支一度标榜为正义之师的军队，很快就丧失了民众的支持，随后便瓦解了。耶律章奴欲逃奔女真，被辽军抓获，送到天祚帝的"行在"处死。

天祚帝虽然镇压了耶律章奴谋反，但却因此给了阿骨打以了可乘之机。就在天祚从前线西还之后，十二月，金军追击天祚帝于护步达岗。当时金军只有两万人，然而阿骨打集中兵力攻击辽的中军，"天祚御旗向西南出"，辽军跟随后撤，全线溃败，金军获得舆辇帷幄、兵械军资、宝物马牛等不可胜数。天祚帝虽然得以逃命，但从此以后，辽朝的局面更加不可收拾。

围绕黄龙府这一政治、经济、军事要地，阿骨打调兵遣将与辽进行了殊死搏斗，接连打了四个漂亮仗，其一是围城打援消灭了耶律讹多里的援军；其二是占领了达鲁古城外围据点；其三是攻取黄龙府城；其四是护步达岗击溃70万辽军，取得最后的决定性胜利。辽军至此一蹶不振，故历史上有"银府一战定乾坤"之说。

四、金据东京

辽东京（今辽宁辽阳）地区聚居着一部分渤海遗民，他们富有反抗精神。辽末大延琳之变后，萧保先出任东京留守，又重犯当年萧绍勋的错误，为政严酷，致使渤海人普遍不满。天庆六年（1116年）元旦夜，曾仕辽为供奉官的渤海人高永昌，率少年十余人，乘人们欢度新年之际，翻墙进入留守府，诈称有"军变"，他们是来保护留守的。萧保先果然上了圈套，要跟随这伙人逃命，刚一出府，就被这些渤海少年刺杀了。

东京户部使大公鼎也是渤海人，闻变即代行留守职责，与副留守高清明集奚、汉兵千余人据守东京，高永昌出逃，大公鼎于次日大肆搜捕率先作乱的渤海人，共捕得数十人，都立即斩首。这种残酷诛杀，不但没有吓倒渤海人，反而激起他们更大的愤慨。这时，高永昌也率渤海军马打了回来。初五夜里，城中举火为号，开门请永昌入城。大公鼎、高清明等督军拒战，不胜，率残兵百余人夺西门出逃。于是东京即完全落入造反者手中，高永昌自称大渤海皇帝，建元隆基，旬日之间，辽东五十余州都落入高永昌手中。此时，各地渤海人也纷纷起而响应。

本来，金军的进攻及耶律章奴的叛乱，已使辽朝统治者穷于应付，高永昌在这时占据东京建立渤海政权，更加深了辽朝的危机。形势本来对高永昌有利，但是，他没有能力严格约束部下，他们不断杀掠无辜百姓，特别是东京各州郡的奚人，都被迫渡辽河到西部去避难。这种情况下，很快就使高永昌政权失去了人心。

辽对高永昌先是招抚，永昌不从。于是辽朝又以武力镇压起义，派萧韩家奴及张琳进兵讨伐。张琳是沈州（今辽宁沈阳）人，天祚即位后，任南府宰相。本来，按照辽朝的传统，"凡军国大计，汉人不与。"由于当时屡败于女真，天祚帝发现萧奉先根本不懂军事，于是开始令张琳主持东征。为讨伐高永昌，张琳又进一步扩充军队，招募失业者及转户强壮者充军，至少暂时是一条活路，所以应征者非常踊跃，旬日之间即招得二万余人。张琳以沈州为根据地，对东京展开攻击，经过三十余战，终于迫使高永昌退守城内。辽军取得有利形势后，又于距东京五里处扎营，张琳先派人持书招抚，永昌仍不投降，于是传令只留五日粮，决计要一举攻克东京。高永昌经受不住张琳的围攻，被迫向金求援。金传檄称："准渤海国王高永昌状，辽国张宰相统领大军前来讨伐，伏乞救援。当道与义，即合应援。已约五月二十一日进兵。"此檄传到沈州，辽军将士惊呼："女真至矣！"张琳连忙整军迎敌，然而他的这些将士早已吓破了胆，金人轻易地占了沈州。高永昌得知女真军进攻沈州，刚开始以为金军是来援助自己的，故此，没有设防。但他不知道早在四月间，金太祖已决定在进攻张琳的同时，也要对他这个自封的"渤海皇帝"展开攻击。金太祖之所以做出这一决定，是因为高永昌僭号这件事，严重妨碍了金的统一事业，高永昌对此并不理解。沈州陷落后，他立即派铎剌携带金印一枚、银牌五十枚，请求金统治者接受他们的投降。不过，他不是真降，只是为了暂缓金军的进攻。金军统帅斡鲁不知内情，以为高永昌真要投降，派胡沙不与之联系。后来，渤海人高桢降金。得知真相后，斡鲁统率内外诸军并会合各路人马一同对东京发动攻击。这是高永昌始料不及的。他杀了胡沙不，但无助于挽回败局。五月间，高永昌被金军彻底击败，挞不野又将其擒获，并在军中处决。至此，东京州县及南路系辽籍女真皆降金。金太祖诏令废除辽法，省赋税，并且也像女真地区一样设立猛安谋克组织。

五、董庞儿起义与耶律余睹降金

东京被金攻陷后，辽又连吃败仗，天庆七年（1117年）初，春州（长春州）被金军攻陷，东北面诸军不战自溃，紧接着，泰州（吉林白城市东南）亦陷于金。为了挽回败局，辽朝开始大量从幽云地区募集乡勇，从而给这一地区的百姓带来极大的负担。这其中有个叫董才（又名董庞儿）的乡兵，因为与女真作战失利，要被主将杀掉，因此亡命山谷，啸聚山林，剽掠州县，众至千人。辽朝派兵进剿，董才带兵跨越飞狐、灵丘入云、应、武、朔，斩牛栏监军，带着首级献给北宋朝廷。受到北宋朝廷的嘉奖，赐姓赵名诩。

随着辽在东北地区对女真的战事越来越被动。正当危机日益加深的时候，辽朝统治集团内部又爆发了一次严重的自相残杀，结果导致统帅耶律余睹叛降金朝。

耶律余睹是天祚文妃的妹夫。文妃生晋王敖卢斡，在契丹贵族中颇有威望。天祚元妃系萧奉先之妹，生子封秦王。奉先担心其外甥秦王不能继承皇位，因此早就蓄谋要加害晋王。保大元年（1121年），萧奉先授意其下属诬告耶律余睹与驸马萧昱谋立晋王为帝。此事与当年乙辛诬萧速撒等谋立太子濬如出一辙，天祚帝不辨青红皂白，也一如其祖父，相信所谓废立阴谋确有其事，于

是立即下令将被诬陷的萧昱处死,并赐文妃自尽,只是未忍加诛晋王。事变发生后,身为南军都统的耶律余睹,惧怕自己也这样不明不白地被杀,于是即带领亲属及千余官兵投降了金朝。金太祖得到了耶律余睹,从此掌握了辽朝的虚实,令此人仍统领旧部,以示对他信任不疑。

  保大二年(1122年)正月,金军攻占辽中京,进而下泽州(今河北平泉)。金初陷中京,一开始传闻天祚在中京城,等城破后,才知道天祚听到金兵到了,半夜就已经逃走了,没人知道他到底在哪里,其实天祚逃入燕山之中,又害怕金兵追击,与儿子赵王、梁王数百骑复从西北逃入鸳鸯泺(今河北张北),女真虽然不能至其地,但他们有耶律余睹引路。耶律余睹引金将娄室率女真出其不意地袭击,在这样危机的时刻,辽统治集团内部的权力斗争非但没有停止,反而愈演愈烈。萧奉先听说耶律余睹带领金军杀来,乘机劝天祚杀了晋王,因为据他分析,耶律余睹此来就是要立晋王,"若为社稷着想,不惜一子,明其罪诛之,可不战而余睹自回矣。"天祚听从了他的劝告,赐晋王死,并将耶律撒八等杀掉。晋王本来素有人望,诸军听说他被冤杀,无不悲痛,由是人心解体。这时,余睹引导金军进逼天祚行宫,天祚率卫兵五千余骑逃往云中(今山西大同),途中,仓皇之际,竟然将传国玉玺失落在桑干河里。同年三月,天祚为金兵追击,计无所出。带领少数人逃入夹山(今内蒙古呼和浩特西北),直到这时,天祚帝才发现，他原来对萧奉先言听计从是上当了。于是对萧奉先说，你们父子误我至此，杀之何益。你们走吧，不要再跟着我了，否则军心恐怕有变。一定会连累我的。奉先父子哭着离开天祚，不久被其左右押送到金军大营。金军将其长子昂斩首，然后拟将奉先本人和次子萧昱送交金太祖，途中又被辽兵夺归，天祚帝赐其父子一死，算是结束了这一幕内乱的悲剧。萧奉先以害耶律余睹及晋王始，最后以害己告终。

六、宋金结盟

澶渊之盟以后，辽宋和好百余年，由此造成的和平环境，对于辽宋两方社会经济文化的发展无疑都是极其有利的。然而双方的统治者并不珍惜这种和好。首先是辽朝统治者一再对宋提出领土要求。继辽兴宗派遣刘六符对北宋提出领土要求后，道宗在位时也有过同样的事情。咸雍九年（熙宁六年，1073年），辽遣兴复军节度使萧禧至宋议地界。北宋统治者虽然一再屈从于辽的要求，但同时却不忘要从辽朝统治之下夺取幽蓟"旧疆"。生事之辈则不断寻找机会破坏辽宋和好。宋徽宗崇宁四年（辽天祚帝乾统五年，1105年），宋遣龙图阁直学士林虙使辽，此人是蔡京亲信，宋夏冲突，夏求援于辽，辽要求宋朝归还所占西夏土地，致使宋统治者对辽不满。林虙出使前，蔡京密使林虙故意激怒辽人以挑起事端，结果辽人大怒，停止供应饮水，断绝烟火，林虙饿了三天肚子，回来后，对宋徽宗说，这次使辽，发现辽国上下普遍离心离德，都身怀二心，这个时候，吞并幽云，那么一定势不可挡。

北宋统治者认为收复幽蓟的时机已经成熟，于是决定与新兴的金朝结盟攻打辽国。而幽蓟地区的汉族地主阶级眼见辽政权已经不足恃，于是也纷纷配合北宋复燕。例如赵良嗣降宋以后就说过，当其未降之时，在辽曾与幽州豪强刘范等人义结同心，想要号召幽蓟百姓叛辽归宋。政和元年（辽天庆元年，1111年），童贯与郑允中出使辽国，在童贯使辽期间，有燕京大族马植半路相邀，游说童贯颠覆辽对幽云地区统治的计策。童贯带着马植回到汴京，马植向宋徽宗献策结好女真，与之相约攻辽，借以收复燕云。宋徽宗一听很高兴，赐马植姓名曰赵良嗣。

政和七年（天庆七年，1117年），登州上奏称，有辽人船二只，遇大风，靠停砣矶岛，为首的是渤海人高药师，想要前往高丽避乱，途中为风漂至登州。据这些渤海人所言，女真军马与辽人征战累年，已过辽河以西，辽河以东已悉属女真。宋徽宗接受蔡京与童贯建议，遵循宋初从女真境内市马的惯例，由登州守臣王师中募人同高药师等打着买马的旗号，渡海进入辽东与女真接触。

重和元年（1118年），宋见辽接连为女真所败，又派遣武义大夫马政渡海出使金国，与金相约夹击辽朝。于是宋金开始通好。宣和二年（天庆十年，1120年）春二月，宋遣中奉大夫、右文殿修撰赵良嗣假朝奉大夫，以买马的名义，由登州渡海出使金国。

四月十四日抵达辽东。当时金三路大军正准备对辽上京发起攻击,便约赵良嗣前来观战。城破之后,赵良嗣见到了阿骨打,双方约定同时出兵夹攻契丹,金取中京大定府,宋取燕京析津府及云朔等旧汉地。金要求宋依给辽"岁赐"之例,灭辽之后,亦应给金岁赐。起初,赵良嗣只许三十万,阿骨打不肯,声称当初燕京并不属宋,宋每年给辽岁币多达五十万,如今既得燕京之后,反而要减至三十万,阿骨打表示不能接受,于是商定依与辽原数与金。当时双方协议已经暴露了宋朝的虚弱,事成之后,宋不仅要向金纳岁币,同时,金对赵良嗣要求将平州及西京大同地区一并还宋朝也含糊其词。不过,当时金迫切希望早日结束伐辽战争。因此还是希望宋朝能出兵助其一臂之力。并且一再嘱宋不要与契丹议和,而是真正要与金夹攻契丹。粘罕和兀室对赵良嗣说,我皇帝一定不会和契丹讲和,并且已经把辽上京的契丹帝陵、宫室和庙像一起烧了。粘罕要求宋朝真正出兵辽国,助金国一臂之力。金人对宋使殷勤款待,打球、射猎、宴饮等公开活动。阿骨打一定请赵良嗣前来,还让在上京俘获的契丹王妃起舞献酒,并表示将来一定要与"有道、有德"的大宋通好,不争。

宣和四年(保大二年,1122年)三月,金又遣使至宋商议攻辽事宜,事后,宋命童贯为河北、河东宣抚使,屯兵于边,以便接应金兵。

北宋与金结盟,其危险性早已为有识之士预见到了。布衣安

尧臣上书斥童贯、蔡京妄开边衅，恐怕日后有唇亡齿寒的后患。宇文虚中也上书指出，宋与契丹和好已经百年，他们自从遭到女真攻击以来，一直是依赖宋朝，表现得极为恭顺，现在与金结盟，"引强悍之女真以为邻域，臣恐中国之祸未有宁息之期也。"但是，宋徽宗根本听不得这些意见，他为蔡京、童贯、赵良嗣等一意孤行，定要与金结盟。

七、耶律淳称帝

天祚帝出逃，只留下南府宰相张琳及参知政事李处温等协助其叔父秦晋国王耶律淳守御燕京。耶律淳蕃名涅里，其父和鲁斡系兴宗仁懿皇后所生，与道宗系同母兄弟，重熙十七年（1048年）封越王，道宗即位后，又进封宋魏国王，任南京留守、天下兵马大元帅。耶律淳为和鲁斡第三子，天祚之父太子濬冤死之后，道宗一度曾欲立淳为嗣。女真战事兴起之后，耶律章奴曾欲谋废天祚而立淳，淳不从，并斩耶律章奴使者萧敌里之首级以献。因此，进一步取得天祚的信任，晋封为秦晋国王，拜都元帅，免汉拜之礼，并许其自择将士。于是，他招募了一支由燕云地区壮丁组成的并完全归他节制的军队，但这支刚组建的汉军战斗力较弱。因此，当时燕京地区最重要的武装力量还是从辽东撤退过来的"怨军"。

"怨军"，是因为"辽人始以征伐女真，为女真所败，多杀其父兄，乃立是军，使之抱怨女真，故谓之怨军"。辽朝本来是要让这支军队抱怨于女真，然而"每女真兵入，则怨军从以为乱，女真退则因而复服，常以为苦，天祚与群下谋杀怨军，除其患，故其中郭药师等反，杀其首领而降都统萧幹，遂拜金吾大将军，俾守涿州。"郭药师是渤海铁州人。

宋金对辽形成夹攻局面，天祚又已经出逃，燕京地区以李处温父子为代表的地方实力派迫切需要另立新皇帝以为号召，为此，他们寻求军队支持是必不可少的。保大二年（1122年）三月，李处温父子外假郭药师的"怨军"为援，内结都统萧幹、耶律大石、左企弓、虞仲文、康公弼、曹义勇等，共立耶律淳为天锡皇帝，降天祚为湘阴王，从而建立了历史上短命的北辽政权。"淳守燕十二年，得人心，号燕王，又谓九大王，在府蕃汉百官诸军并僧道父老数万人劝进，遂即位于燕，号天锡皇帝，改保大三年为建福元年，改怨军为常胜军。"

李处温与耶律大石暂时维持着北辽政权。北辽的武力，实不足以抵御金在东北方面的不断侵逼，它之所以没有马上垮台，主要是因为在南边抵御住了宋军的攻击。保大二年（1122年）五月，宋军分两路进攻辽南京，种师道总东路兵进攻白沟，辛兴宗总西路兵进攻范村，并且上有童贯、蔡攸节制，耶律淳当即遣萧幹（奚王回离保）和耶律大石率军抵抗，结果，两路宋军都大败而归。尽管如此，北辽面临的形势仍然日益严峻。除了来自宋、金两方面的威胁之外，耶律淳还有一个与之不共戴天的敌人，那就是被他废掉了的天祚帝。当时天祚帝尚能控制西南、西北两路都招讨司所管辖的诸部族，威胁说要攻打南京。宋金双方南北夹击，同时又有来自天祚帝的威胁，在这种严峻的形势下，李处温倾向于投降宋朝，天锡皇帝耶律淳势力所及仅限于燕云和辽西一带，他和辽朝其他皇帝不同，其主要支持者是汉族地主，而不是契丹贵族，所以他的政治立场自然会与汉族地主阶级一致，即也倾向降宋，只是不曾向李处温等表露。

　　李处温原与赵良嗣友好。天祚末年，二人知大辽国祚将危，曾一同谋归宋朝，于是更成为莫逆之交，并且秘密在燕京北极庙对神发誓。后来赵良嗣南奔，李处温听说他受到宋朝礼遇甚厚，于是也有南奔的想法。不过由于遇上天祚北逃，李处温在立耶律淳为天锡皇帝的过程中有推戴之功，因此暂时搁置了南奔的想法。后来宋朝童贯以大兵压境，同时又派马扩前来劝降。李处温于是再度萌发南奔之意。当他正在犹豫不决之时，天锡皇帝向他问起对宋当何以为计，李处温本意是要与天锡一起南奔，但惧怕众人不从。于是借口军国大事，不敢轻率地坚持己见，他表示希望皇帝"睿智独断"，然后再与臣下商议。李处温这一表态，实际上是在试探天锡皇帝的意向。他知道天锡一方面惧怕天祚回来复辟，另一方面更惧怕金兵攻击，在北辽面前几乎只有投宋这一条出路。天锡果然召见李处温等面议，坦率心中所想，朕即帝位，本来目的是为了保全宗庙，但现在，金兵占领西京，大宋又重兵压境，和金军夹击我们，我观人事、天时，确实不配继承皇位，我想向宋称臣，与各大臣共同保全后路，不知道如何。说完这些，他痛哭流涕，李处温也难过地流下了热泪，最终决定向北宋派遣使臣求和。

耶律淳这一决定是冒了很大风险的，此前，已经斩杀了两个宋朝使臣。主要是因为耶律大石和萧幹等军事将领的坚决反对。恰好此时，宋朝也派出马扩为使节前来劝降。马扩此人很能讲，又有胆略，耶律淳听后，决定派王介儒与宋使接洽。马扩与王介儒在路上就展开了论战。王介儒认为，两朝和平相处很久很久了，上年纪的老人几乎都不认识兵器了，现在看到这般险恶危局，能不人人落泪吗？宋朝方面每每说我们思念中原，殊不知，自从割让燕云给契丹，已经有二百年了，岂无君臣父子之情。

马扩指出，宋朝之所以兴兵，是因为女真已经逼近燕云，燕人现在已经是热锅上的蚂蚁，还能有什么后路吗？皇帝念及旧疆故民，不忍坐视不理，所以才决定兴师援助你们。当他们到新城后，王介儒又告诉马扩，四军大王在白沟，勒令留下南使。四军大王即反对投降宋朝的萧幹，他统帅的军队虽然击溃了来攻的宋军，但并未根本改变北辽政权的困难处境，因此，他并未过分为难宋使，只是令耶律大石与使臣相见。大石责备宋朝，南北通好百年，何为举兵，侵夺地土？但还是表示以两国和好，不预留使

人。另外给童贯递个口信,如果想求和,那就和议,如果不想求和,那就开战。

四军大王萧幹与耶律大石,他们仍然希望与宋维持原来的和好关系,尽管如此,他们反对北辽降宋的立场却是极其明显的。这样,没有一兵一卒的李处温父子在这个小朝廷的地位自然就十分脆弱。主要是由汉人和渤海人组成的"常胜军",驻守在涿州,以对付宋朝。燕京城内,耶律大石和萧幹掌握着军队,因为有他们反对,主张对宋妥协的李处温不能有所作为。耶律淳无力协调两派之间的关系。同时向宋、金求和又均遭到拒绝。六月间,他在内外交困之中病死了,其妻德妃萧氏在萧幹等人支持下被立为皇太后,主持军国大事。耶律淳临终前,曾密授李处温为蕃汉马兵军都元帅,嘱以后事,但他只是徒有虚名,并无兵权。

耶律淳死亡不久,李处温私通童贯,想要挟持萧后纳土,同时,他又北通于金,想要做内应。阴谋败露后,处温被迫自杀。郭药师原来支持李处温,现在知道燕京的小朝廷行将灭亡,于是决定以占据的涿、易两州归降宋朝。常胜军是一支反复无常、没有操守的军阀私人武装,本来只有两千人,投降宋朝后,扩编到二万,最后一度达到五万人。这时,宋朝将领童贯等人以为辽朝已经处于灭亡的前夕,实在是机会难得,于是再度举兵攻辽,令郭药师率常胜军当先锋,然而,又被萧幹所败。这时,金兵绕道燕京西面,攻占了蔚州(河北蔚县),进而移兵奉圣州。萧德妃五次上表于金，请求允许立天祚帝次子秦王定主辽社稷，作为金朝的附庸，遭到拒绝。同时，她又派出使节以"唇亡齿寒，不可不虑"的道理试图说服童贯，童贯斥退来使。萧后看到这种局面，已经守无可守，决定出逃，燕京随后被金军攻占，辽宰相左企弓等投降。

八、天祚帝被俘

萧德妃出逃以后投奔天祚帝，与她同行的还有耶律大石，天祚帝杀掉德妃而赦免大石，第二年（保大三年，1123年）正月，萧幹自立，号奚国皇帝，改元天复。设奚、汉、渤海三枢密院，分司建官，这是辽政权面临覆灭之际的又一次大分裂。

萧幹手下的奚族将领引兵攻击邻近的契丹部落，劫掠人畜，造成两族严重不和。这时郭药师又乘机相攻，萧幹战败，最后本人被部下杀死，这个政权仅仅存在八个月。

天祚帝在走投无路之时，遇耶律大石率兵来归，又得阴山室韦谟葛失之兵，以为得到天助，不自量力，又开始谋划出兵收复燕云。大石劝阻，自金人刚刚攻陷长春、辽阳两路之时，陛下车驾不去广平淀而逃到中都，等到上京陷落，则跑到燕山，中京陷落则跑到云中，云中陷落则跑到夹山。往日军旅齐备的时候，不谋战备，以致举国汉地都为金人所有，国势衰微到这样，还要贸然进攻，这不是良策啊。应该养兵待时而动，不可轻举妄动。帝

天祚不听。

广平淀即辽后期冬捺钵的通常地点，在潢河、土河汇合处的一片平原。耶律大石的这番话表明，他认为在长春、辽阳两路被女真攻陷后，天祚本应该坚守广平淀，而不是一步一步地自北向南撤退，广平淀之所以如此重要，就因为它是捺钵所在地。辽朝的五京实际上只是各自所在地区的行政中心，并不是全国的政治中心，天祚帝不坚守广平淀而退守中京、燕京、西京，从而丢掉了作为全国政治中心的捺钵，因此也就很难号令全国——尤其是北方广大游牧地区，而这些却正是辽朝武力赖以存在和壮大的根本，所以大石认为不守广平淀就是不谋战备。后来他脱离天祚西迁，即先率部北行寻求支持，其原因正在于此。而耶律淳在燕京建立的北辽政权之所以很快败亡，其主要原因也在于他无法号令和统率北方游牧诸部。保大四年（1124年）七月，大石自立为王，脱离天祚帝。次年二月，天祚帝在应州（今山西应县）新城东60里，被金将娄室俘虏，辽朝灭亡。

第四章

西迁后的辽朝——西辽

第一节
西辽的建立

耶律大石,是辽太祖耶律阿保机八代孙。幼年时受过很好的契丹族的传统骑射训练和文化教育,又接受过汉族的文化教育。曾授翰林院编修一职。契丹语把翰林称为林牙,所以人们称他为大石林牙或林牙大石。

耶律大石自立为王后,率部西迁。

耶律大石率军从夹山出发,北行三日渡过黑水(今蒙古国爱毕哈河),途中遇到白鞑靼人首领床古儿,床古儿给予耶律大石四百匹马、二十头骆驼、若干只羊的援助。耶律大石一路向西北,于保大四年(1124年)到达辽朝北疆重镇——西北路招讨司驻地可敦城,召集威武、崇德、会蕃、新、大林、紫河、驼等七个军州的长官和大黄室韦、敌剌、王纪剌、茶赤剌、也喜、鼻古德、尼剌、达剌乖、达密里、密儿纪、合主、乌古里、阻卜、普速完、唐古、忽母思、奚的、纠而毕十八个部族的首领举行大会。在大会上,耶律大石慷慨激昂地指出先祖创建辽朝的艰难以及由于金朝对于辽朝侵略,造成天祚帝流亡在外、生灵涂炭,号召各军州和部族驱逐仇敌,复兴大辽。耶律大石慷慨陈词:"我祖宗艰难创业,历世九主,历年二百。金以臣属,逼我国家,残我黎庶,屠翦我州邑,使我天祚皇帝蒙尘于外,日夜痛心疾首。我今仗义而西,欲借力诸番,翦我仇敌,复我疆宇。惟尔众亦有轸我国家,忧我社稷,思共救君父,济生民于难者乎?"耶律大石安置官吏,整顿兵马,磨砺武器,得到精兵万余人。由于可敦城是辽朝的西北边防重镇,边防军队不得随意征调,军队在战乱中得以保存,并且此地还拥有可骑乘的战马数十万匹。耶律大石在可敦城建立根据地后,积攒实力,不断派使者联络白鞑靼人、西夏以及宋朝,从外交上孤立金朝。

保大五年(1125年)夏,西夏联络耶律大石攻取金朝的山西诸郡。年末,耶律大石派使者联络宋朝,提议合力攻打金朝。金天会五年(1127年),白鞑靼人与耶律大石通好,拒绝将马匹卖给金朝。金太宗派使者问罪,双方关系紧张。天会七年(1129年),耶律大石率军攻取了金朝的北方二营。天会八年(1130年),金太宗派耶律余睹、石家奴、拔离速征讨耶律大石,但由于诸部落不同意出兵,大军行进至兀纳水后收兵。

耶律大石在可敦城掌握实权后,并未像他所说的那样,去"救君父、济生民",而是贯彻他的既定方针——"养兵待时而动"。这块根据地有水草丰茂的牧场,广有牛羊,为耶律大石政权提供了经济基础。其南部有宽阔的沙漠地带,成为自然防线,便于耶律大石政权休养生息。

耶律大石政权经过五年,实力已经相当强大,决定向外发展。重建辽国,固然是耶律大石和臣下最向往的,但是新兴的金国处于全面上升时期,实力很强。此时,耶律大石想到了同辽国素有通商联姻且与自己有远亲关系的喀喇汗王朝。于是耶律大石政权决定先向西发展,扩大领域,建立更为雄厚的物质基础,然后再来消灭金朝,光复辽国。

天会八年(1130年)二月,耶律大石按照契丹族传统,杀青牛白马祭告天地、祖宗,整旅西行。他率军队进入叶尼塞河上游的突厥吉利吉思地区,向这里的部族发动进攻,这些部族反过来也袭扰耶律大石的军队。耶律大石率军离开这里,向西征进,进入翼只水(今新疆额尔齐斯河)和也迷里河(今新疆额敏河)地区。

西辽延庆元年(1132年),耶律大石西征军到达叶密立(今新疆额敏县),这里已经是喀喇汗王朝境内,大石遂在此修筑城池,招抚当地突厥部族。这里水草丰美,气候凉爽,适合放牧,但又处于高山、沙漠包围之中,而且区域狭小,不能长期供养一支强大的军队。耶律大石便改变了计划,试想在中亚打出一片新天地。于是耶律大石决定通过高昌回鹘王国,向西扩展。他率军出发之前给回鹘毕勒哥送去书信，说辽朝"与尔国非一日之好"，"今我将西至大食，假道尔国，其勿致疑"。回鹘王收到这封信后，耶律大石的军队已兵临城下，只好大开城门，把耶律大石迎进宫中，大宴三日。在耶律大石临行时又献马六百匹、骆驼一百头、羊三千只，并表示愿送质子孙，作为附庸，并一直把耶律大石及其军队送到境外。

耶律大石率领军队翻过天山后，向西推进。东喀喇汗王朝的阿赫马德汗集合军队进行抵抗。耶律大石的军队被击溃，退至高昌回鹘王国。但这次回鹘王毕勒哥却再不迎接，而是掩杀、追袭，俘虏了耶律大石的将领撒八、迪里、突迭等。耶律大石带领败兵回到叶密立后，接受了这次出征的教训，继续"养兵待时而动"。耶律大石率领主力部队西征后，金朝西北前线很快得到情报。第二年，即金天会九年（1131年），金军元帅粘罕发燕云汉军和金军一万人令右都监耶律余睹率领，北攻可敦城，又发燕云、河东夫运粮随行。金军的这次进攻却因为沙漠的阻挡而以失败告终，《大金国志》记载："可敦城自云中由猫儿庄银瓮口北去，地约三千余里，尽沙漠无人之境。是行也，三路之夫，死不胜计，车牛十无一二得还。"

耶律大石在东线击败了金军的进攻，取得了巨大的胜利。西征喀喇汗王朝虽遭惨败，但及时调整了方针，与民休息，得到了当地突厥各部族的拥护，户数达到四万，疆域空前扩大，东起土兀剌河（今土拉河），西至也迷里河。

西辽延庆元年（1132年）二月，耶律大石在文武百官的拥戴下，在叶密立城登基称帝，号菊儿汗（或译为古儿汗），突厥语意为"大汗"或"汗中之汗"。

西辽建立后，由于深受汉文化和中原政权典章制度的影响，虽然僻处西域，耶律大石依然仿照辽国旧制，上尊号为"天佑皇帝"，并改元为"延庆"，册立皇妃萧氏为"昭德皇后"。同时规定王朝官方语言为汉语。

耶律大石在叶密立站稳脚跟之后，开始扩大领域。他首先率领军队南下，再次进入高昌回鹘王国。国王没有组织抵抗，便归顺了西辽。耶律大石把高昌回鹘王国并入西辽版图，但仍让它继续统治这一地区。

早在耶律大石西征之前，在喀喇汗王朝的边境上已住着一万六千帐从辽朝来的突厥—契丹人，东部喀喇汗王朝委派他们守卫边疆。后来东部喀喇汗王朝与这些突厥—契丹人发生矛盾，强迫他们与妻子隔离，想使他们从此绝后。这些突厥—契丹人自然不愿意，双方多次发生冲突。后来这一支突厥—契丹人与耶律大石的部队会合，西辽军队人数由此增加一倍。但耶律大石并没有率领军队向前挺进，而是驻扎在边境上等待时机。

东部喀喇汗王朝阿赫马德汗死后，儿子易卜拉欣继位。

西辽延庆三年（1134年）初，易卜拉欣听说耶律大石率领大军驻扎在边境，便派出使臣，请求他到都城巴拉沙衮去。耶律大石接到请求后，便率领大军开进巴拉沙衮。耶律大石把易卜拉欣汗降封为王，保存了东部喀喇汗王朝对喀什噶尔与和田的统治，作为附庸国。巴拉沙衮地区，是可耕可牧的"善地"。于是耶律大石决定建都巴拉沙衮，后将其改名为虎思斡耳朵，改延庆三年为康国元年。他把沙黑纳（意为监督官）派往各地，康里人也服从了他的统治。

在兵不血刃而归并东部喀喇汗王朝后，耶律大石以六院司大王萧斡里剌为兵马都元帅，敌剌部前同知枢密院事萧查剌阿不为副元帅，茶赤剌部秃鲁耶律燕山为都部署，护卫耶律铁哥为都监，率领七万骑兵东征金国。出征部队举行誓师大会，以青牛白马祭天。但是东征部队"行程万里，无所得，牛马多死，勒兵而还"。

西辽的这次东征再次引起了金朝的注意，金熙宗继位后，于西辽康国二年（1135年），命粘罕再征西辽。金军进入沙漠后，被西辽伏兵多次攻击，胜负未分。金军粮草断绝，人马冻死很多。粘罕副将外家得本来是契丹人，得知父兄妻子都在西辽军中，逐率部下起义。金军在西辽军和起义军的夹击下，大败而归。

西辽在西方的扩展取得了巨大的胜利，在东方也击退了金军的进犯，王朝的疆域进一步扩大和巩固。根据相关史籍记载，西辽对其归并地域城乡居民的所有权没有做任何改变，耕地仍归居民耕种。居民只交很轻的税，每户纳一个狄纳尔（中亚地区金币，重约 7～8 克）。不久，百姓兴旺，牲畜肥壮。在政治上，西辽对归属他的国王让他们继续统治本土，发给他们一块银牌作为归顺的标志；西辽政府满足于征收一小笔年贡和把一名沙黑纳派驻在那里。这些附庸国王一般都受到菊儿汗的礼遇。因此西辽整个社会安定，"军势日盛，锐气日倍"。

康国四年（1137 年），西辽又开始了第二阶段向外扩展。它首先进入费尔干纳谷地，没有遇上抵抗，继续向西推进，到达忽毡。在这里遇上西部喀喇汗王朝的抵抗。两军交战，喀喇汗王朝军队被击溃。"事件严重地震惊了它的居民，恐慌和沮丧加重，单等着早上或晚上灾难的降临。布哈拉和河中其他城的居民也是这样。"然而西辽军队却没有乘胜前进，而是停下来巩固新地盘，等待更好的战机。

康国八年（1141 年），喀喇汗王朝又爆发了康里人与葛逻禄人之间的民族冲突。喀喇汗王朝向自己的宗主塞尔柱突厥人的苏丹桑贾尔求援。呼罗珊、西吉斯坦、伽兹纳（里海西南）、马赞兰德（里海南岸）和古尔（阿富汗中南部）的国王们都带兵加入。桑贾尔集中了十万多骑兵，康国八年（1141 年）年七月，渡过阿姆河向葛逻禄人发动进攻。

葛逻禄人派人向耶律大石求援。耶律大石下令进军，他率领军队在撒马尔罕以北的卡特万与敌相遇。

九月九日会战开始，耶律大石在达尔加姆峡谷立营，并派六院司大王萧斡里剌、招讨副使耶律松山等领兵进攻桑贾尔军队的右翼，枢密副使萧查剌阿不、招讨使耶律术薛等领兵进攻其左翼，自率其余部队攻其中军。桑贾尔军队的右翼是将军库马吉，左翼是西吉斯坦国王，中军由自己亲率。

桑贾尔军队伤亡惨重，死亡总数达三万人。耶律大石以少胜多，获得大胜并占领了西喀喇汗都城撒马尔罕。

经此一战，塞尔柱王朝退出河中地区。耶律大石领兵进入撒马尔罕。耶律大石让西部喀喇汗王朝继续统治河中地区，留下一名沙黑纳予以监督。耶律大石把西部喀喇汗王朝变为自己的附庸之后，便派大将额儿布思进军花剌子模国。额儿布思进入花剌子模后，大肆屠杀平民，洗劫村落，迫使花剌子模的沙阿即思投降。阿即思向他表示愿效忠菊儿汗和交纳年贡三万金狄纳尔及其他贡品。缔结条约后，额儿布思从花剌子模撤军。

康国十年（1143年），耶律大石去世。耶律大石是辽国历史上一位杰出的政治家和军事家，起初为挽救辽朝覆亡，转战长城内外，尽心竭力，后来审时度势，率众西征，建立起另一个新的帝国，疆域东起土拉河，西尽咸海，左右中亚形势近百年。在戎马倥偬中，耶律大石总结辽朝衰亡教训，吸收土著统治经验，创建和制定了一套体制和政策，对中亚社会经济和文化的发展起了积极作用。中东史学家称赞耶律大石是"一位公正的君主，因为公正和才干而受到崇敬。"在蒙古征服中亚时，随成吉思汗来到这里的耶律楚材说：耶律大石"颇尚文教，西域人至今思之"。

耶律大石的西征事迹被传到欧洲，正逢第二次十字军东征，于是在欧洲流传着东方世界有一位神秘的祭司王约翰，是基督教的捍卫者。俄语、阿拉伯语、拉丁语和古英语中中国的发音类似于"契丹"，都是受耶律大石西征的影响。而耶律大石的名字也成了西辽帝国的代称，在耶律大石死后，金、西夏、南宋等国家对西辽的后代君主皆称为"大石"。

第二节
西辽的中后期统治

耶律大石去世后,儿子耶律夷列年幼,依据辽朝传统,"遗命皇后权国"。皇后萧塔不烟摄政。她不仅"称制",而且改元咸清,号称"感天皇后"。

西辽咸清三年(1146年),粘割韩奴经由高昌回鹘王国到达西辽直辖领地,正值感天后萧塔不烟到野外,粘割韩奴对感天后极其无礼,口称"我上国使也,奉天子之命来招汝降,汝当下马听诏"。感天后直斥道"汝单使来,欲事口舌耶!"叫人拉下马来,命他下跪。韩奴大骂:"反贼,天子不忍于尔加兵,遣招汝。尔纵不能面缚请罪阙下,亦当尽敬天子之使,乃敢反加辱乎?"感天后大怒,杀粘割韩奴。西辽当时是国力相当强大的王朝,非南宋、西夏之可比。而金朝及其使臣仍以"上国"的态度对待它,那粘割韩奴碰壁以至遭杀都是咎由自取。

感天后"权国"七年，在执政期间，西辽社会安定，经济继续发展。

咸清七年（1150）年，萧塔不烟将执政大权交还于儿子耶律夷列。夷列即位后，改元"绍兴"。

绍兴元年（1151年），西辽进行人口普查，"籍民十八岁以上，得户八万四千五百户。"这充分表明了西辽的强盛。后来，西辽还令东部喀喇汗王朝出兵支援西部喀喇汗王朝平定葛逻禄首领的叛乱。

辽仁宗耶律夷列在位十三年，于1163年去世，庙号仁宗。儿子都年幼，"遗诏以妹普速完权国"。耶律普速完也"称制，改元崇福，号承天太后"。

崇福元年（1164年），耶律普速完命令西部喀喇汗王朝把布哈拉和撒马尔罕两地区的葛逻禄人迁往东部喀喇汗王朝领地喀什噶尔，他们到那里后不准再携带武器，从事农业或其他劳动。西部喀喇汗王朝执行命令，逼迫葛逻禄人迁徙，结果引起暴动，但很快被残酷地镇压下去。从此，葛逻禄人在河中地区的势力衰落。崇福二年（1165年），西辽军队进入呼罗珊，劫掠了巴尔赫。巴尔赫臣服于西辽，并向西辽缴纳土地税。

崇福七年（1170年），西辽和喀喇汗国集结军队对花剌子模展开进攻。花剌子模沙阿伊尔·阿尔斯兰派葛逻禄人阿亚尔伯克迎战，双方在阿姆河畔遭遇，花剌子模战败，阿亚尔伯克被俘。

不久伊尔·阿尔斯兰去世，其幼子苏丹·沙赫继任，其兄阿拉丁·塔乞失投奔西辽。塔乞失以花剌子模的财宝和按时缴纳年贡为条件，换取了耶律普速完的支持。

崇福九年（1172年），耶律普速完命丈夫萧朵鲁不率军护送塔乞失回国，苏丹·沙赫和其母图儿罕闻讯逃走，西辽加强了对花剌子模的控制。但西辽频繁派使者到花剌子模，每次都索要大量贡金，有些使者甚至不遵守外交礼节，这都让塔乞失大为恼火。塔乞失下令处死一位对他无礼的契丹贵人，并与契丹使者相互谩骂。得知这一消息后，苏丹·沙赫投奔西辽，向耶律普速完解释说自己得到了花剌子模百姓和军队的拥护。耶律普速完命萧朵鲁不率军护送苏丹·沙赫回国，塔乞失下令决阿姆河河堤，放水冲毁道路，阻止西辽军队前进。萧朵鲁不将苏丹·沙赫护送至呼罗珊，苏丹·沙赫攻下梅尔夫、萨拉赫斯和图斯，在此立足，至天禧十六年（1193年）才被塔乞失吞并。耶律普速完执政时期，西辽与金朝也有接触。

崇福十二年（1175年），粘拔恩部首领寅特斯和康里部首领孛古率三万户背叛西辽，投靠金朝，使西辽对谦河（今叶尼塞河上游）一带的控制力减弱。崇福十四年（1177年），金熙宗派监察御史完颜觌古速巡边，随行的契丹人挼剌、招得、雅鲁、斡列阿四人投奔西辽。

一、西辽的鼎盛与衰落

耶律普速完与驸马之弟萧朴古只沙里通奸，封驸马为东平王，又罗织罪名把驸马处死。但驸马的父亲萧斡里剌是西辽元老，官拜六院司大王，是一位权势人物。天禧元年（1178年），耶律普速完处死驸马后，萧斡里剌发动宫廷政变，杀死耶律普速完和萧朴古只沙里。立仁宗次子耶律直鲁古为汗，改元天穆。耶律普速完在位十四年。

西辽在感天皇后和仁宗统治时期，基本上贯彻执行耶律大石制定的国策，对外派兵，对内生聚，到承天后统治时期国力已相当雄厚。耶律直鲁古继位后，西辽达到鼎盛时期。同时，西辽统治集团淫靡奢侈，对外连年用兵，对内加重剥削。耶律直鲁古在位期间，一味娱乐游猎，不理政务，致使政治腐败，社会矛盾激化。

在卡特万会战之后，塞尔柱王朝的势力不仅完全退出河中地区，而且在呼罗珊地区也日趋衰落，代之而起的是阿富汗古尔王朝。古尔王朝在十二世纪末已是阿姆河以南的大国，它于天禧二十年（1197年）占领了巴里黑（今阿富汗马扎里沙里夫西北）。该城的统治者原来每年向西辽王朝送缴土地税，古尔王朝占领巴里黑后，该城停止向西辽王朝缴纳贡赋。同时古尔王朝还与花剌子模发生冲突，花剌子模沙特克什向西辽王朝求援。使臣对耶律

直鲁古说，西辽王朝应该出兵报复，不然古尔王朝将像夺取巴里黑一样夺取花剌子模，然后进攻西辽。西辽遂派塔阳古为统帅带领大军出征。

天禧二十一年（1198年）春，大军渡过阿姆河，进入呼罗珊地区，同时花剌子模沙特克什也率军到达图斯。西辽军队进入古尔王朝后，占领了许多地方，到处抢掠、杀戮。西辽军队向巴里黑城长官发出最后通牒：或是放弃巴里黑城，或是像从前一样送缴贡赋。巴里黑城长官拒绝了，联合呼罗珊的一些城堡袭击西辽军队。结果西辽军队溃败，被追逐至阿姆河，许多士兵被赶进河中淹死，损失一万二千人。西辽军队惨败的消息传到巴拉沙衮，耶律直鲁古大为震惊，向花剌子模沙派出使臣索取损失赔偿。特克什拒绝。菊儿汗派兵伐花剌子模，失败而还；花剌子模军追至布哈拉，并攻下该城。

天禧二十六年（1203年），古尔王朝与花剌子模又发生战争。特克什已死，他的继承人摩诃末沙向西辽派出使臣求救。菊儿汗派塔阳古率领一万军队救援，西部喀喇汗王朝苏丹·奥斯曼也率军参加。古尔王朝苏丹什哈布·丁听到消息后仓皇撤兵，在安都淮沙漠被西辽军队包围，双方展开激战。古尔军队有五万人死于战场，古尔苏丹逃脱，进入城堡。西辽军队又把城堡团团围困，经奥斯曼说合，古尔苏丹交出赎金，才得以脱身。西辽军队虽然获得胜利，但是付出了很大的代价，并没有带来实际好处，相反却为花剌子模在呼罗珊的发展扫清了道路。

与此同时，花剌子模逐步兴起，显露出摆脱西辽统治，在中亚地区称霸的倾向。随着花剌子模国力的增强，摩诃末沙不甘心于附庸地位，便停止了给西辽的年贡。耶律直鲁古派宰相马赫穆德巴依督责贡赋。摩诃末沙请母亲图儿罕可敦来处置。图儿罕可敦以尊崇的礼节接待西辽的使臣，缴纳了所欠的年贡，并派出几名贵族随马赫穆德巴依朝见菊儿汗，表示歉意。摩诃末沙征钦察胜利返回后，不仅停止了对西辽的贡赋，而且开始征服整个河中地区。

天禧三十三年（1210年），摩诃末沙率军在怛逻斯附近打败西辽军队，并俘虏了其主帅塔阳古。从此摩诃末沙威名大震。西辽在对付帝国西部的花剌子模国和西部喀喇汗王朝的叛离而失败的同时，西辽在各个属国的官员也日趋腐化。

天禧三十二年（1209年），高昌回鹘王国杀死西辽的监督官投靠蒙古。天禧三十四年（1211年），葛逻禄部首领阿儿斯兰汗投奔成吉思汗。到此为止，西辽王朝只剩下东部喀喇汗王朝这一个附庸国。后来东部喀喇汗王朝也起兵造反，菊儿汗出兵镇压，才稳定住局势。但是这时西辽的直辖领地，情况也已与全盛之时不可同日而语。西辽气数将尽，离灭亡已经不远了。

二、西辽走向灭亡

蒙古兴起后,乃蛮部被铁木真部打垮,乃蛮部太阳汗子屈出律(又称古出鲁克)及大量部民逃脱。他们奔往别失八里,从那里又越过天山到达库车。屈出律带领部下在库车山里东游西荡,既无粮食又乏给养,而跟随他的那些人已作鸟兽散。

天禧三十一年(1208年)冬,屈出律只好去投奔西辽王朝的菊儿汗。屈出律到巴拉沙衮后,有一段时间为菊儿汗供职。摩诃末沙起兵反对西辽时,东方的属国、属部也起来造反,西辽处境困难。这时屈出律提出纠集乃蛮旧部,以强大西辽的建议。耶律直鲁吉接受了他的建议,赏赐他许多财宝并封他为可汗。

屈出律到叶密立和海押立一带收集自己的族人,又同其他部落结成联盟。他率领这支军队进入西辽直辖领地,大肆杀戮和抢劫。他向花剌子模沙派出使臣,约定夹攻菊儿汗,瓜分西辽土地。屈出律出兵击败西辽军队,遂劫掠乌兹干,又进攻巴拉沙衮,但被菊儿汗打败,士兵大半被俘。屈出律北走,重新集结兵力,等待时机。

天禧三十三年(1210年),怛逻斯战役后,花剌子模和西辽各自退兵。西辽军队纪律败坏,沿途烧杀抢劫,人民惊恐。当他们抵达巴拉沙衮时，居民们紧闭城门，拒绝他们入城。西辽军队的将领们告诉他们花剌子模已退兵。但居民们不相信，坚持战斗了十六天，最后被西辽军队用大象把城门攻毁。西辽军队入城后，屠杀三天三夜，有四万七千人被杀。西辽军队同时大肆抢劫，得到大量财物。但是这时菊儿汗财政困难，国库空空如洗。宰相马赫穆德巴依怕菊儿汗征收自己的财产，便建议把士兵抢劫的财物集中归国库。当将军们听到这一消息后，便各自带军队离开菊儿汗，煽动叛乱。

屈出律得知这一情况后，于天禧三十四年（1211年）秋天趁直鲁古外出狩猎的时候，将其俘获，攫取了政权。《辽史》记载，"乃蛮王屈出律以伏兵八千擒之，而据其位。"屈出律攫取政权后，表面上对菊儿汗很礼敬"尊耶律直鲁古为太上皇，皇后为皇太后，朝夕问起居"，实际上是利用他来稳定自己的统治。耶律直鲁古在抑郁悲痛中生活了两年，于天禧三十六年（1213年）死去。耶律直鲁古史称末主。

屈出律为了取得契丹贵族的支持，娶了西辽王朝末代皇帝直鲁古之女忽浑公主，并依公主劝告，改信佛教。

天禧四十一年（1218年），蒙古军队由哲别统率，向西辽进攻、屈出律这时正在喀什噶尔城中，听说蒙古军来攻，即慌忙逃走。蒙古军下令，各地居民保持自己的宗教信仰，从而赢得了各族居民的支持。各地居民分别杀死住在各家的西辽兵士。西辽可

散、八里哈管民官曷思麦里投降蒙古，为哲别作先锋，引蒙古军追击屈出律。屈出律所被迫逃往巴达克山谷（今阿富汗境内）。因山谷崎岖不平，行走困难，蒙古军无法深入。因此，哲别跟当地猎户达成协议：如果能捉住屈出律并交付于蒙古军，蒙古军不再向猎户索取任何物品。猎户因此包围了屈出律及其部卒，将其捉拿后，送交了蒙古军。哲别下令，将屈出律处死。同时，蒙古军顺利进入西辽都城巴拉沙衮，西辽—喀喇汗各地领主相继归附，西辽灭亡。

三、西辽后续

西辽灭亡后，契丹贵族波剌黑前往波斯的克尔曼，被花剌子模苏丹收用。

1224 年，波剌黑建立起儿漫王朝，又称后西辽。大约位于今天伊朗的克尔曼沙阿、呼罗珊一带。这是契丹人在历史上建立的最后一个政权。1259 年，投降蒙古，被授予库鲁汗称号。1306 年，后西辽被伊尔汗国兼并。1309 年，西辽彻底灭亡。

时至今日，在原西辽故地生活的哈萨克、柯尔克孜（吉尔吉斯）这两个民族中，都保留有独立的乞塔（契丹）部落。在柯尔克孜中，乞塔（契丹）是一个重要的部落，人口众多，势力较大。可以说在西辽灭亡后，契丹人依然生活在西辽都城巴拉沙衮一带，例如其王族后裔中有以"局儿罕"为汉化姓氏者,称局氏。并在后来以完整的部落组织加入到了哈萨克和柯尔克孜这两个民族实体中。

第五章 金朝中后期社会经济的衰落

金朝是中国历史上由女真族建立的封建王朝，共传十帝，享国一百二十年（1115年—1234年）。

女真原为辽朝臣属，天庆四年（1114年），金太祖完颜阿骨打统一女真诸部后起兵反辽。于翌年在上京会宁府（今黑龙江哈尔滨）建都立国，国号大金，建元"收国"。并于1125年灭辽朝，两年后再灭北宋。贞元元年（1153年），海陵王完颜亮迁都中都大兴府（今北京）。金世宗、金章宗统治时期，金国政治文化达到巅峰，金章宗在位后期由盛转衰。金宣宗继位后，内部政治腐败、民不聊生，外受大蒙古国南侵，被迫迁都汴京（今河南开封）。女真贵族大肆占领华北田地，奴役汉族，使得双方的冲突加剧。当金朝国势衰退时，汉族纷纷揭竿而起。1234年，金国在南宋和蒙古南北夹击下覆亡。

金朝鼎盛时期统治疆域包括今天的淮河北部、秦岭东北大部分地区和俄罗斯联邦的远东地区，疆域辽阔。军事上采取军民合一的猛安谋克制度，其铁骑兵与火器精锐，先后打败周边诸国。

金国作为征服王朝，其部落制度的性质浓厚。初期采取贵族合议的勃极烈制度，后吸收辽朝与宋朝制度后，逐渐由二元政治走向单一汉法制度。

金章宗时期，由于官僚政治的腐败，酿成了黄河三次大决堤，大批耕地被淹，沿河农村遭到严重破坏，对外战争频仍，军费日增，使金朝出现了财政危机，于是进一步滥发纸币和银币，清查隐田漏税，括田等，就成了扩大财源，增加收入的"千金良方"，在金世宗时期一度获得发展的中原社会经济又日渐衰败了。

第一节
黄河泛滥

在中国有文献记载的两千多年中,黄河溃堤泛滥上千次,较大改道就达 20 多次。治理黄河,征服黄河,成为中国历史的一个重要组成部分。

南宋建炎二年(1128 年),东京(今河南开封)留守杜充为了阻拦金兵南下,在河南滑县地区人为决河。其后,黄河河道东决夺泗入淮,改道后的黄河常常数道并行,彼此迭为主、副,河道极为混乱。重要决口又不断向西移动,使得滑州(今河南滑县)西南段黄河下游由东北流向转移为东南方向,其改道角度七十度之多,在金代以前的历史上是不多见的。

黄河这次改道,由滑州西南段起,直泻东南,经徐州、邱州(今安徽邱县南),在淮阳(今江苏淮安)与淮河汇合入海。随着黄河大改道,其南北亦出现岔流。北岔流由滑州地段东流,汇

合南清河在徐州注入黄河主流。南岔流则从新乡分道,经开封北,又经过归德府(今河南商丘)注入主流。

从金朝世宗初年起,由于重要决口不断西移,新开河道两岸又缺乏必要的防水建筑,造成了连续不断的黄河泛滥。经过几次大决堤,黄河河道的南移便成为定局。而对黄河河道南移所致的严重局面,金廷当局虽然也采取一系列对应措施予以治理,但是由于政治上的腐败,并没有发挥应有的作用。河南、河北、山东等地遭遇到大面积灾害。从而揭开了金代黄河(主要是下流)多次泛滥成灾的序幕。金代进而成为历史上黄河泛滥最为严重的时期。

金大定八年(1168年)六月,当年杜充决河附近的李固渡大堤决口,直到第二年,朝廷才加固李固渡南堤,河水泛滥一年之久,受灾地区蔓延几百里。

金大定十一年(1171年)黄河再次决口于王村(今河南新乡西),大水向东西两个方向蔓延,受灾地区遍及孟(孟州,今河南孟县)、卫(卫州,今河南省汲县)二州近十个县。

金大定十七年(1177年)七月,河南地区普降暴雨,黄河在白沟(今河南原阳北)决口,严重威胁开封地区。大定十八年(1178年)二月,金廷急令,"发六百里内军夫,并取职官人力之半,余听发民夫,以尚书工部郎中张大节、同知南京留守事高苏董役"。大定十九年(1179年),金廷在南京(今河南开封)

设巡河官一员。

金大定二十年（1180）秋，黄河在卫州（今河南汲县）及延津（今河南延津西）管辖地段决口，滚滚洪水直泻东南，受灾地区遍及曹州（今山东菏泽）、睢州（今河南睢县）、归德府所属诸县。受灾面积达上万平方公里。洪水使河南东、北部及山东西部上百万人丧生或陷于流离失所的惨境。

金大定二十六年（1186年）八月，加固不久的卫州地段的黄河大堤又一次被冲决。"位于河北岸的卫州城被吞没，洪水循黄河故道，直泻北进，甚至远及距卫州几百里之遥的大名府（今河北大名）。"河北南部、山东西部广大农民均遭到洪水灾难。而朝廷派往灾区的户部侍郎王寂则对灾情、灾民漠不关心，"专集众以网鱼取官物为事，民甚怨嫉。"由于官吏不及时抗洪和腐败苛敛，进一步加剧了灾情，致使黄河北岸的农村经济面临破产境地。

金大定二十九年（1189）五月，黄河在曹州小堤之北决溢。由于地方官吏没有及时上报水灾情况，延误了抢救期。山东、河南交界地区遇到前所未有的洪水灾难。于是朝廷被迫动员方圆五百里之内的人力，营筑河堤。

金章宗统治时期，黄河先后发生三次大决堤，造成了极为严重的灾难。金明昌四年（1193年）六月，黄河又在卫州决堤，洪水冲垮长堤十多处。滚滚河水席卷北上，冲进大名、恩州（今河北武城）、景州（今河北东光）、清州（今河北青县）、沧州（今河北沧州）。这次卫州决堤，华北二万多平方公里的大面积农田被洪水淹没。河水坪地漫灌，泛滥成灾，给金朝社会经济带来巨大冲击。

面对巨大的灾情，金章宗采纳河平军节度使王汝嘉的建议，派官员调查黄河南北两岸有无排水和储水之处，并在济北以北建筑月堤。金明昌五年（1194年）正月，都水监丞田栎不同意王汝嘉的方案，他建议，在黄河北岸墙村开一口子，使河水流入汴梁故道，仍旧使南、北两条清河分流，但北清河旧堤久修未完，应当迁走。现在黄河南岸王村、宜村两处决堤导水，使黄水长堤得到固护。章宗否定了田栎的治河方案。

事后证明田栎的治河方案是切实可行的。但在当时，却遭到尚书省的非议，大臣们认为"黄河水势不同寻常，变化不定，不是人力可以斟酌、可以指使的。如果使大河北入清河，山东必受其害。"金廷并没有认真吸取教训，积极采取防洪应对举措，不久就酿成了历史上少见的明昌五年大水灾。

金明昌五年（1194年）八月，黄河在南京阳武固堤决口，滔滔的洪水吞并了封丘县城，向东南奔泻，到寿张冲入梁山泊，又分为两股，北股由北清河入海，南股由泗水入淮，侵夺了淮阳以下淮河的河道。这时由今天津附近入海的黄河北流完全断流。

这次历史上罕见的大水灾，使山东东西路和南京路北部、大名府南部大批耕地被冲淹，两岸大量农民丧失生命，幸存者流离失所，农村经济受到严重破坏，成为金代最为严重的一次洪灾。金朝统治者在奔腾咆哮的洪水面前表现得束手无策，仅仅修补开封近处的支河及孟阳河堤岸。

这次历史上少见的大水灾，是由于金朝统治阶级的腐朽无能而造成的。如果章宗采纳田栎的治河方案，付诸实施，就可能避免发生这场大灾难，减少损失。水灾发生前，专管治河的都水外监官员无能，遇事互相推诿，否则就是争功邀赏，议论纷纷，不切实际。尤其是都水监官王汝嘉，对自己的职责"殊不加意"，眼看水势趋高，不预先筹划，留守司屡次报告河水险情，他仍一再拖延，终于酿成了这次纵黄河夺淮河的大水灾。决堤后，王汝嘉等人被降官罢职。

金廷为了治理黄河水灾，虽然也耗费了大量的人力和物力，但成效还是很不如意。黄河两岸广大农民背井离乡，流离失所，受灾区农村经济受到严重破坏，造成这种局面的原因是多方面的。

大定中期以后，金世宗开始贪图享乐，他把大量的财政收入用于营建宫室等奢靡项目上，浪费钱财，失去了民心，把国家财政拖入极度困窘的境地。章宗初年，由于任用完颜守贞等有识之士，朝廷政治曾一度出现"文治灿然"的新局面。然而不久章宗"颇好浮侈"，在他周围很快形成了以胥持国为首的佞人集团，与李妃勾结，势倾朝廷。章宗将河防大事委托给无能的胥持国和马琪二人，难以胜任防河重任。腐败的官僚政治使得金廷无法实现

对黄河的有效治理，从而酿成了黄河接连多次的泛滥成灾。

金代黄河屡次泛滥，还与朝廷缺乏长远的治水规划密切相关，没有居安思危预防为主的防洪措施。每遇洪水，紧急临阵磨枪。洪水退后，再无人过问防水之事，陶醉于一时安乐。沿河府、州、县地方官吏甚至对防洪设施的维护漠不关心。大灾临头，救灾官吏不为百姓着想，只顾争功邀赏。

由于金代黄河多次泛滥，以致沿河人民蒙受巨大灾难，大面积良田变为荒地。而黄河决口的不断向西转移，更是加剧了灾情恶化，朝廷腐败，缺乏规划，失去民心，在多次的洪水袭击面前，往往一筹莫展，暴露出金朝官僚政治的腐败。黄河泛滥加速了金朝衰败，成为金朝社会走向没落的标志。

第二节
财政困难和滥发纸币、银币

有金一朝，发行了三种货币，铜钱、交钞和银币。金朝前期的货币制度仍是以铜钱为主、纸币为辅，其中纸币有限地域、限时间、限数量等特点，流通范围并不大，在全国大部分地区仍然大量使用辽、宋的铜钱。金朝的货币制度分南北两部分，南部以汴梁为中心，北部以中都为中心。南部是金朝经济最发达的地区，长时期实行交钞为主的货币制度，这一地区既是金朝阻止境内铜钱流向南宋的屏障，也是金朝源源不断获取南宋铜钱的孔道。北部是金朝这个时期的政治中心，经济也很发达，但从金朝的角度来讲，经济重要性低于其政治重要性，在河南地区铜钱输入稳定的情况下，朝廷的政府采购和财政支出才会稳定，当河南的铜钱输入情况发生改变时，中都地区的中央财政不可避免地出现危机。世宗统治后期，金朝财政危机开始浮出水面。

　　章宗继位之后，面对对外战争连年不断，官府军费与日俱增、水灾频仍，生产停滞以及官僚、贵族的大肆搜刮，官府收入"所入不充所出"的窘境。为了弥补财政上的亏空，章宗逐渐改变世宗时的做法，开始大量发行交钞。正如《金史·食货志》所说："自是而后，国虚民贫，经用不足，专以交钞愚百姓，而法又不常，世宗之业衰焉"。在此时期，铜钱由于其本身的缺陷，被纸币排挤，形成以纸币为主的货币制度。

　　章宗为了解决区域性的货币危机，对纸币制度做了改动。首先，于大定二十九年（1189年）废除了交钞七年厘革的制度，使现有的交钞全面废除时间限制，确保其流通效用。随后推行合同交钞。

　　从这一时期交钞的钱文上看，金朝至少应有四次改动，世宗大定二十三年（1183年）、章宗明昌元年（1190年）、承安二年（1197年）和泰和五年（1205年）。大定二十三年，改按贯收巧文工墨钱为不限贯例，按张收八文，其印文必然做过改动；章宗明昌元年（1190年）废除了行用期限，在交钞上也会有所反映；承安二年（1197年）和泰和五年（1205年）都对工墨钱数额有所改动，也是一样的情况。《金史·食货志》中所载交钞印文未写兑换铜钱以多少为陌，且不限年月行用，必然是承安二年后交钞的印文。这个时期的交钞不再在"南京置局印刷"，而是明确说明由中都交钞库负责。这一切都说明，此时期的交钞已由地方发行，中都兑换的地方货币演变成为国家印发，以首都地区为中心的全国性货币了，合同交钞正式转化的一种形式。

由于政策的变化和条件的限制，章宗时期的交钞发行破坏了他自己的规定"民间流转交钞，当限其数，毋令多于见钱也"。明昌四年（1193年）陕西就出现了通货膨胀，为了稳定钞法，采取"遂令本路榷税及诸名色钱，折交钞。官兵俸，许钱绢银钞各半之，若钱银数少，即全给交钞"的措施。陕西商业并不发达，税收远不及河南和河北，靠近宋、夏边境，驻军数量很大，收支无法相抵，靠其自身很难消化超过需要的交钞，以至于章宗泰和六年"陕西交钞不行"。

陕西的情况如此，其他地方也好不到哪里去。金章宗全面推行交钞，但却缺乏发行纸币的准备金，中央手里掌握的铜钱太少，这是世宗时遗留下来的问题。短期内印行全国，按照原来交钞的数量是不行的，但各个地区经济状况不同，需要货币量也就各不相同，究竟民间流转需要多少交钞，市面上有多少现钱，金廷并不清楚。指导思想如此随意，也就难怪先后在各个地区出现区域性的通货膨胀，最终演化成全国性的通货膨胀。

金承安二年（1197年），因为交钞发行过多，民间常常拒绝使用票额在一贯以上的"大钞"，官府不得不以票额在七百文以下的"小钞"来回收部分"大钞"。承安三年（1198年）正月，金朝命令西京、北京、临潢、辽东等路，凡是一贯以上的交易，

必须使用交钞和宝货（银币），不准使用铜钱。支付官体、兵铜、军需用银钞各半，减少支出交钞数量，但是银锭过大，使用不便，国家铸造银币，一方面以充足的白银填补政府支出，另一方面，以高价值的白银作为交钞的准备金，提高纸币信誉；九月，因为百姓都把"小钞"换成铜钱，交钞无人愿意接受，规定亲王、公主、品管存留现有铜钱的三分之一，民户留存一半，其余限期十天换成食货。这时，还发行"三合同交钞"，强迫民间使用，官府只管发行，不管回收。直到金泰和二年（1202年），金朝才允许百姓在交税时使用这种交钞，但以税额的十分之一为限。交纳铺马钱时，才允许税额的半数可以交纳这种交钞。由于统治者不断在钞法上玩弄花样，愚弄和剥削百姓，因此百姓"往往怨嗟，聚语于市"。

金泰和七年（1207年）正月章宗面告御史台："自今都市敢有相聚论钞法难行者，许人捕告，赏钱三百贯。"同时，规定官府以后不得支出"大钞"，民间现有的"大钞"可向官府换取"小钞"及铜钱。同时，大量发行小钞，希望借此取代铜钱的地位，小钞行用早期取得了一定成果，尤其是其与白银同时使用，又以银币"承安宝货"为钞本，保证了其在一定时期的稳定。

由于流通领域中铜钱不够使用和交钞发行量过大，而官库中贮藏着价值一亿贯铜钱的金、银，所以从承安二年（1197年）起，官府正式发行银币，称"承安宝货"，自一两到十两共五种，每两折铜钱二贯。这是汉武帝以来第一次正式发行银币。官府规定银币和交钞相兼使用。但这发行不久发现民间大批私铸的"承安宝货",杂以铜锡,中都为之"闭肆"。于是又不得不在承安五年（1200年）十二月下令停止铸造和使用。

但是"承安宝货"被人大量盗铸,信用大跌,小钞和大钞都受其影响,至承安五年废除"承安宝货"。无论大钞、小钞都没有行用的信用了。

尽管金朝统治者对交钞做了种种规定,但民间仍然不愿使用,甚至连河北按察使斜不出外出巡按,也认为大钞"难以支用"而让人换取现钱。对于这种胆敢不愿使用交钞的官员,御史以其"沮坏钞法"而加以弹劾,章宗更认为"情不可恕"给予严惩。

章宗时,交钞的发行总额和贬值情况,记载缺略。但从大安二年（1210年）金朝用八十四车交钞作为军赏,可知交钞所值无几。《金史》编者慨叹:"兵衄国残,不遑救弊,交钞之轻,几于不能交易矣。"

金章宗在其继位至承安五年的时段里对推行纸币做出了各种各样的尝试,但是他都为一个问题所阻碍,就是朝廷没有足够的铜钱来维持一个有信用的铜钱本位纸币系统。这一问题并不是他一朝造成的,他为了建构这个体系使用了很多手段,直到使用银币,这种尝试因为其配套设施仍未建立而夭折。直到泰和十七年（1217年）,由户部尚书高汝砺提出"府州县镇宜各籍辨钞人,给以条印，听与人辨验"，这种办法如能早些实行，银币就不会因伪币而被逼出流通市场，金朝的交钞也不会最后成为不可兑换纸币而不断贬值。对于金朝纸币制度的崩溃，金章宗负有不可推卸的责任。

　　章宗继位之后，国库空虚，虽然有"家给人足"的虚名，国家却没有真正强大的财政基础。无论是维持原有的铜钱为主币的制度，还是改革为纸币为主体的制度，对其来说都是需要大量财力的挑战。而章宗在位期间，国家多事，南有南宋"开禧北伐"，北有蒙古崛起不断骚扰，虽然这些事件都是章宗时发生的，却没有一项不是在世宗时就埋下了隐患。

第三节
通检推排和括田

所谓通检推排是指金代清查人户的人口、驱奴、土地、车马、资财，核定其财产总额的制度。据以征收物力钱（财产税），并排定户等，征发差役的一项国家基本经济制度。

金章宗即位后，民间有十多年没有进行通检推排，分散在各地的屯田女真贵族和猛安谋克上层分子加紧兼并土地，"包取民田"，特别是百姓拥有的上等田地。例如，平章政事完颜匡不但拥有合法的朝廷"拨赐""家口地土"，而且在济南、真定、代州等地又攫取百姓的"上腴田"。章宗宠妃元氏之兄仗势霸占大批水田。他们拥有庞大田地后，不但不依法缴纳田赋，反而凭借权势逃避赋税。贫苦农民虽然仅有少量土地，却要承担繁重的赋税。

而这时金朝的内外统治也面临着严峻的形势，黄河水患之后，"饥死者十室而五"，幸存者仍要"劳弊于征发"，再加上"流乏者多，故田野不辟。"世宗末年，漠北蒙古诸部崛起，"朦骨不受调役"。并与契丹残余势力结合，不断南下寇掠金朝北境，明昌六年（1196年），章宗先后派夹骨清臣、完颜襄等统兵北伐，攻打蒙古各部，这次战争持续三年之久，才取得胜利。金朝对女真猛安谋克户和其他民族的百姓调发频繁，"时属军兴，调发百出"。"贫户"日益增加，纷纷逃亡。金廷面临着"自承安以来，财用不支"内外交困的局面。

金承安二年（1197年）十月，章宗不得不下令通检全国物力，规定：凡已经典卖物业户，只随物业"推收"（把原有物力钱数推割给典卖者）；分家别居户，允许另立户籍；贫困户可以减免，新富裕户适当增加。同时规定：要一切从实，不必非得凑足原额；北部被侵扰的边疆区，暂时不实行推排。各路推排时，金廷差官一名，与各路提刑司所派官员一起进行。承安三年（1198）九月尚书省奏报十三路籍定推排物力钱，共计二百五十八万六千贯。原额为三百零二万二千多贯，这次对贫困户减免了六十三万八千多贯，又对新富裕户增加了二十多万二千多贯。

第一次通检推排之后，从承安二年至泰和六年（1206年）共用九年时间，章宗派高汝砺分别到大兴府、陕西东路、西京路、北京临潢府路、河北西路、中都路等地进行实地考察。总结通检推排的经验，制定各种救弊补偏的办法。先后出台"人户物力随时推收法"、"典卖实业逐时推收法"、"令人户告诣推收法"及"物力差役式"。

金泰和元年（1201年）八月，章宗下诏推排西京、北京、辽东三路人户的物力。泰和二年（1202年）闰十二月，章宗认为，推排无力时，官府既要询问人民的浮财物力，又要核实分等。因时间紧、复杂度高难以马上核实的，命令尚书省拟定"人户物力随时推排法"，让民间典卖产业时，随时推排"物力"钱，泰和五年（1205年）十一月，下诏制定各州府"物力差役式"。泰和八年（1208）九月，金廷再次派吏部尚书贾守谦等十三人，分别与各路按察使官员一起推排民户物力。章宗召见十三名使臣，指示他们在推排时，对"新强户"增加的物力不要添足，要"量存气力"，对"销乏户"也不要销而不尽，否则留下一些物力，仍旧负担不起。

通检推排在实施过程中存在着许多弊端，造成了一些社会问题，有些问题甚至是相当严重且较为普遍的。

推排使妄增物力。金大定四年（1164年）首次进行通检推排时，由于派往各路的推排使急于功利，"往往以苛酷多得物力为功，（张）弘信检山东州县尤为酷暴"。张弘信负责山东东路的推排工作，棣州防御使完颜永元以宗室之故，敢于违抗朝廷钦差的推排使，当面指责张妄增物力，而张亦不能奈其何，"于是棣州赋税得以实自占"。其他各路的情况大致与山东东路相似，唯有梁肃主持的山东西路通检推排以平允见称，《金史·梁肃传》记载："（大定)四年(1164年),通检东平、大名两路户籍物力,称其平允。他使者所至皆以苛刻增益为功,百姓诉苦之。朝廷救诸路以东平、大名通检为准,于是始定。"此次通检推排中妄增物力的问题是严重的,大定五年(1165年),"有司奏诸路通检不均,诏再以户口多寡、贫富轻重,适中定之。"

豪强猾吏弄虚作假,营私舞弊。这是通检推排过程的一个常见现象,地方豪强与州县胥吏相互勾结,上下其手,"奸弊百端"。使得贫户和富户之间难以区分,财力和物力得不到实情,因而造成赋役负担的不合理。由于每次通检推排时限紧迫,各级推排官员很难对民户物力进行仔细核查。章宗时制定"人户物力随时推收法",就是为了解决"推排时既问人户浮财物力,而又勘当比次,期迫事繁,难得其实"的问题。

不过相对而言,民户的不动产是比较容易核实的,最难于确定的是浮财,"其浮财物力,惟凭一时小民之语以为增减,有司惟务速定,不复推究其实。由是豪强有力者符同而幸免,贫弱寡援者抑屈而无诉"。这些都是通检推排中带有普遍性的问题。

各路物力畸轻畸重。通检推排直接造成金朝各地区间物力及赋役配置的不平衡。赵秉文《保大军节度使梁公(襄)墓铭》中的一段文字,透露了自世宗以来各路物力畸轻畸重状况的形成原因:"公在陕西,上《平赋书》,累数千言。其大略言大定四年行通检法,是时河南、陕西、徐、海以南屡经兵革,人稀地广,篙莱满野,则物力少、税赋轻,此古所谓宽乡也;中都、河北、河东、山东久被抚宁,人稠地窄,寸土悉垦,则物力多、税赋重,此古所谓狭乡也。宽狭乡之地,至有水陆肥瘠四等,物力相悬数十倍。后虽三经通推,并依旧额。"梁襄上《平赋书》的时间是在章宗承安二年(1197年)第四东通检推排之后。大定四年(1164年)初行通检推排之时,由于河南、陕西诸路自靖康之变以后屡经战乱,社会经济残破不堪,故物力定得偏低,而中都、河北、河东、山东诸路以升平日久,人烟稠密,故物力定得较高。此后数十年间,河南、陕西等地的社会经济已逐渐得到恢复,但大定初形成的这种物力分配的格局,虽历经数次通检推排,仍基本维持原状。因此到了章宗时期,各地间物力不均的问题就显得非常突出了。通检推排所造成的各路物力畸轻畸重的状况,直至章宗末才得到纠正。

  由于对北方鞑靼等民族战争的屡次惨败,金朝大臣们把失败的原因归因于女真屯田户土地太少,无以养赡,不免饥寒,因而缺乏斗志。他们主张再次括刷民间逃税的土地,分授屯田户,以鼓舞士气。明昌三年(1192年),章宗下令各地属于官府的闲地,百姓已租佃者仍旧,未佃者即交给屯田猛安谋克户。承安五年(1200年),又命令枢密使宗浩、礼部尚书贾轩佩戴金符,行省山东、河北、陕西等路括籍被百姓"冒领"的官田,共得地三十多万公顷。女真屯田户在领取官田时,多冒领增口,或者"包取民田",使百姓"空输税赋,虚报物力"。昌州刺史某人在括田时,指使其奴婢控告临沂百姓冒占官地,前后发出赏钱三百万,先付给官钱,然后向百姓征取,百姓苦不堪言,纷纷逃往他乡。括田的过程弊端百出,所括之田不仅包括百姓冒领的官田,还有大批百姓的私田,参知政事张万公曾向章宗上书极谏,反对括田,指出"夺民田而给与军,得军心而失天下心,其祸有不可言胜。"又说实在不得已,就把括到的田地,招募百姓耕种,"以所入天赋供养军队,则军队有做获之利,而百姓无被夺之怨"。章宗不予采纳。由于北方战争的失败,女真族猛安谋克屯田军陆续南迁,官府经费枯竭,就把括田当作封建国家维持猛安谋克屯田军生活、筹措军费的主要手段。

第四节

猛安谋克的衰落

猛安谋克制是金朝在女真族内部实行的军事和行政合一的制度。完颜阿骨打称帝前,顺应女真族历史发展的趋势,于1114年改造原有的组织,突破了血缘关系,规定以户为计算单位,以三百户为一谋克,设百夫长为首领,十谋克为一猛安,设千夫长为首领。

随着金政权的建立,猛安谋克又演变为军政合一的地方行政组织。猛安、谋克既是行政长官,又是军事首领。金熙宗统一全国行政区划时,仍保留猛安谋克作为女真地方的地区组织形式,使之成为军事、经济、行政三位一体的封建化基层组织。

猛安谋克制在金政权对外战争过程中是较为有效的军事方略,具有强大战斗力。女真族进攻辽宋,进展势头锐不可当,不能不说猛安谋克制度起到了统领作用。所以,在金太祖、太宗时期，对于新攻占的辽、宋地区，一直推行猛安谋克制，从而使该制度基本确立下来。这一时期，猛安谋克制得到了很大发展。

金代社会，地方上一直坚持猛安谋克制同汉人官制并行的政策。当然，地方猛安谋克首长地位在当地州、县长官之上，且统辖军事，也兼有"功课农桑"之职。所以二者任务有交叉的地方。

随着金灭辽攻宋的胜利，疆域骤然扩大，统治重心亦逐渐南移。女真人"龙兴之地"东北已不能适应日趋扩大和复杂之统治的需要，大有"鞭长莫及"之感。因此海陵王完颜亮将都城从上京迁往统治的腹心地区中京（今北京），同时亦将女真人的主要武装力量猛安谋克一并迁到中原地区，以拱卫京师。

为让猛安谋克安居乐业，金廷无代价地分配给他们田地耕牛。猛安谋克在中原地区安顿下来后，他们就开始逐渐堕落。猛安谋克军事组织的名称虽然依旧保留，但由于其内部生产关系的变化，猛安谋克部实际上变成了封建国家的职业军队，猛安谋克变成了披甲的封建地主。从过去"无事苦耕可给衣食"、"劳其筋骨以能寒暑"一变而为"山东、大名等路猛安谋克户之民，往往骄纵，不亲稼穑，不令家人农作，尽令汉人佃作，取租而已"，至以"有一家百口垄无一苗者"。猛安谋克其时所为"惟酒是务"。章宗统治的二十多年，猛安谋克的堕落日趋严重。"武夫悍卒倚国威以为重，山东、河溯上腴之田，民有耕之数世者，亦以冒占之。兵日益骄，民日益困，养成痈疽，计日而溃"。猛安谋克堕落日趋严重之势已无法逆转。

女真贵族、官僚和猛安谋克上层分子竞相兼并土地，招募农民佃种，掠取地租。由于长期不劳而获且生活腐朽糜烂，结果造成不会生产，也不会打仗的恶果，完全变成了金朝社会的寄生虫。这极大侵蚀削弱了金朝统治阶级的统治基础。

金朝统治者也认识到了问题的严重。为此，多方限制女真屯田户出租土地。章宗在明昌元年（1190）三月规定：女真屯田军户所受的田地，只许自家耕种，实在劳力不足的，才允许出租，只随地所产交租。如佃户愿意折价交租，要根据佃户自愿。如果人户不愿承佃纳租，也不准强迫。但是，在女真族内部，租佃关系的发展已成为不可阻挡的潮流。

泰和三年（1203）九月，章宗不得不放宽对女真屯田户出租土地的限制，制定"屯田户自种及租佃法"。他规定，女真屯田户在所拨授土地十里以内，每丁必须自种四十亩，多余的土地方许"便宜租赁及两和分种"，违者"钱业还主"。准许女真屯田户出租定额以外的土地，租佃方式又出租者决定，或者采取主、佃分种即分成租制的办法，这就等于是宣布了女真猛安谋克出租土地的合法性。

这一时期猛安谋克户在转变为地主后，穷凶极恶地掠夺地租。元好问撰《赵雄飞墓碑》记载，长垣县百姓租种女真"镇防军"的土地，即使遇到了水灾，土地被淹淤积，不曾耕种，镇防军依

然"恃势征租,不少贷"。佃农无处控诉,听任其欺压,有的甚至被抢走了耕牛。

金朝自世宗即位到章宗初年,宋金通好近四十年双边相安无事。这承平日久的假象,使金朝上下居安思危、常备不懈的忧患意识一扫而光,尤以猛安谋克为甚。四十年来,他们已习于游手好闲、锦衣玉食、花天酒地的养尊处优生活,更耻于言兵,致使武备日废。昔日"兄弟子姓才皆良将,部落保伍技皆锐兵"的骁勇雄武之气已荡然无存。有些人则崇尚汉族文化,吟风弄月、舞文弄墨,以考取进士为最大荣誉,把世袭猛安谋克这一军官职务看成是有失自己高贵身份而去当赳赳武夫的一种莫大耻辱。上京人赤盏尉忻本来应该世袭谋克职务,但他不愿意做谋克,却一心去投考"策论进士"。像赤盏尉忻这样的女真上层分子并不是个别的。章宗在明昌初年首次允许猛安谋克参加进士考试,考试的科目有策论和射击,以此来决定科甲的高下。但章宗对猛安谋克投考进士并不十分鼓励。

至章宗朝,猛安谋克武备弛废状况,较大定年间有过之而无不及。其时猛安谋克悉"舍戎狄鞍马之长,而从事中州浮靡之气,旧趋怠惰"。就其危害,太傅徒单克宁曾十分郑重地对章示讲:"承平日久,今之猛安谋克其材武已不及前辈,万一有警,使谁御之?习辞艺,忘武备,于国弗便。"

自章宗即位起,唯恐猛安谋克废骑射,便一再下令督促其依时习武。明昌六年（1195年）五月："诏诸路猛安谋克农隙讲武，本路提辖司察其惰者罚之。"泰安三年（1198年）春正月，又令"安抚使专掌教习武事，毋令改其本俗。"然而猛安谋克武备弛废仍是毫无改观，所以不得不于承安五年（1200年）复"定猛安谋克军前怠慢罪罢世袭制"，惩治遇到敌人作战不力的世袭猛安谋克。严办在各地残杀百姓的猛安谋克。十二月，"定管军官受所部财物辄放离役及令人代役法"，限制军事长官受贿不法的行为。泰和六年（1206年）六月，再"定军前差发受脏罪"。以示处罚。但是猛安谋克武备日益弛废之势已无法扭转，"将勇而志一，兵精而力齐"已成故事。章宗而后，猛安谋克可谓完全丧失维护统治、抵御外侮的能力，已成为不堪一击的乌合之众。"及蒙古兵一起，金兵遇之，每战辄败，去燕迁汴，弃河北于不问。二十余年间惟完颜陈和尚大战昌原、倒迥谷二战，差强人意，其余则望风奔溃，与辽天祚、宋靖康之奔降，如出一辙"。以此迎战锐气方张的蒙古劲旅和进攻以逸待劳的南宋军队，无怪乎一败涂地了。

　　章宗以前，金王朝为了保持女真上层分子在政治上的优越地位，禁止女真人和其他民族通婚。这是一项孤立自己的落后政策。加上女真猛安谋克在各地屯田时，往往为非作歹，欺压其他民族主要是汉族的农牧民，促使民族矛盾和阶级矛盾逐步激化。明昌三年（1192年）四月，尚书省改变金朝的传统做法，向章宗提出："齐民与屯田往往不睦，若令递相婚姻，实国家长久安宁之计。"

泰和六年（1206年）十一月，章宗下诏："屯田军户与所居民为婚姻者，悉听之"章宗的诏令使女真族和汉族通婚合法化，从而加速了女真族"为被征服者所同化"的进程，也加速了猛安谋克制度崩溃的过程。

第六章

蒙古南侵与金朝政变

金章宗泰和五年（1206年），铁木真建号成吉思汗，建立蒙古国，成为北方草原的一支新兴的强大力量。泰和七年（1208年），金章宗病死。世宗子卫王允济即皇帝位。金大安三年（1211年），成吉思汗聚众誓师，自克鲁伦河南下，发动了大规模的南侵金朝的战争。金至宁元年（1213年）秋到至宁二年（1214年）春，蒙古大军几乎踏平了金朝黄河以北的土地，只有中都、通州、顺州、真定、清州、沃州、大名、东平、德州、海州等十一城未被攻下。

第一节
蒙古南侵

一、历史背景

公元十二世纪,蒙古高原散落着许多氏族部落,其中蒙古部落是由最初生活在额尔古纳河的蒙古室韦演化而来。大约在九世纪,成吉思汗的始祖孛儿帖赤那率领蒙古部众,离开额尔古纳河西迁,渡过腾汲思海(今呼伦湖),到达斡难河(今鄂嫩河)河源的不儿罕山(今肯特山)驻牧。在唐朝以后的各个历史时期,蒙古部落曾经先后受过中原王朝和漠北游牧民族的管辖和统治。到十世纪时,蒙古部已经逐渐成长起来,分化出许多或大或小的部族,其中乞颜部、扎答兰部、泰赤乌部等在今鄂嫩河、克鲁伦河、土拉河的上游和肯特山以东一带辽阔的草原上游牧。其他比较大的部族还有当时蒙古草原势力最为强大的塔塔尔部,塔塔尔

部生活在今天内蒙古呼伦贝尔市南部至锡林郭勒北部一带；还有生活在呼伦湖东南、贝尔湖至哈拉哈河一带的翁吉剌部；再往南靠近金长城的是汪古部；色楞格河下游的是蔑儿乞部；叶尼塞河上游的是斡亦剌锡步部；蒙古部西南、处于杭爱山与肯特山之间的是人口众多的克烈部；再往西靠近阿尔泰山的则是文化发达的乃蛮部。

公元十世纪初，由契丹贵族建立起来的辽王朝，其辖境与蒙古部比邻。辽王朝的疆域虽然主要在今东北三省及内蒙古东部河中部，但也统治了漠北。公元十一世纪时，居住在大漠南北的塔塔尔、蒙古、蔑儿乞、翁吉剌、克烈、汪古等部结成以塔塔尔为首的联盟，共同反对辽朝的统治，因此，"塔塔尔"或"鞑靼"曾经一度成为蒙古草原上各部的通称。

公元十二世纪初，由女真贵族建立的金王朝取代了辽王朝，蒙古部转归金朝东北路招讨使管辖。这时塔塔尔联盟已经瓦解。

金大定十八年（1178年）铁木真被推举成为蒙古乞颜氏的首领。金承安元年（1196年），铁木真接受了金朝的册封。在得到金朝的支持后，铁木真经历了多次作战，最后统一了漠北诸部。金泰和五年（1206年）春，铁木真在斡难河源举行忽里台，建号成吉思汗，建立蒙古国，成为北方草原上的一支新兴的强大力量。

在蒙古国建立不久后，成吉思汗实行了一系列政策和措施，划分了九十五个千户,将全体蒙古百姓分置于其中,"千户作为统一的基本军事单位和地方行政单位,取代了旧时代的部落或氏族结构。通过编组千户,全蒙古百姓都被纳入严密的组织,由大汗委任的那颜管领,在指定的牧地范围内居住。"为了巩固汗权,成吉思汗将护卫军扩充到一万名,其中包括一千名宿卫、一千名箭筒士、八千名散班,护卫军的建立不但能够确保大汗汗权的稳定,而且起到制约诸王和那颜的作用。此外,成吉思汗还设置了大断事官和制定了札撒。以上这些政策和措施使新建立的蒙古国完全在成吉思汗的掌控之下,军事体制和司法体制的完善进一步奠定了蒙古对外征伐的基础。

在几乎整个十三世纪中,蒙古骑兵先后三次西征及多次南侵中原。成吉思汗时期,蒙古军大举西征,降畏兀儿(今天山南北)、哈剌鲁(今新疆巴尔喀什湖一带)、并西辽(今里海东、咸海西、锡尔河南)、平亚速(今里海西、黑海北)、康里(今里海东北)、伐钦察(今里海西、黑海北)及斡罗思(今伏尔加河以西,基辅一带)各部,占领了今中亚西亚直到欧洲东部和今伊朗北部,建立起横跨欧亚的蒙古大汗国,并把这些占领地区作为兀鲁思分封给他的三个儿子;今咸海以西、里海以北之地封给长子术赤;东起阿尔泰山,西至阿姆河,包括新疆天山南北西辽旧境之地封给次子察合台;今鄂毕河上游以西至巴尔喀什湖以东一带的乃蛮旧地封给第三子窝阔台。

二、成吉思汗初次侵金

蒙古部落在成吉思汗六世祖海都时期开始走向强盛,到成吉思汗曾祖合不勒汗时,逐渐统一了蒙古本部。这时,金朝统治者对蒙古开始采取"以夷制夷"的压制政策,蒙古部屡遭塔塔尔部的攻击,成吉思汗的先祖俺巴孩汗和合不勒汗长子斡勤巴儿合黑均被金朝残忍杀害,俺巴孩被钉死在木驴上,因此蒙金结下了世仇。在金世宗时,金人又每二年出兵对蒙古实行一次"减丁",部落重又陷入分散状态。金朝统治者甚至残暴地每年放火烧荒,破坏草场,出兵杀人减丁,给草原各部带来无穷的灾难,致使蒙古民众对金统治者"怨入骨髓"。因此,成吉思汗想利用蒙古民众的仇金情绪,发动攻金战争。但当时蒙古草原诸部落尚未统一,他无法腾出手来伐金。当他于金泰和六年(1206年)立国称汗后,自觉力量充实、势力日盛,便"定议致讨"。此外,攻金可以乘胜对中原进行经济掠夺,取得极大的经济效益。这些都是蒙古伐金的深层次原因。然而,长期以来金朝在蒙古人心目中是"极其强大而尊严的",毛羽初丰的成吉思汗还是心存顾虑,不敢轻动。

金承安三年(1198年)成吉思汗曾按惯例入贡于金。金章宗遣卫王允济受贡于净州(今内蒙古四子王旗西城卜子村)。成吉思汗见允济懦弱无能，非常瞧不起他。金章宗去世后，卫王允济继位。金使者携即位诏至蒙古。按照藩部的礼节，成吉思汗必须拜受。他问使者新君是谁？金使说："卫王也。"成吉思汗听了，带着鄙夷的神情，南向而唾说，我以为中原皇帝是天上人做的，此等庸懦之辈也能做吗？凭什么拜啊？立即乘马北去。金使回来后诉说了情况，允济极为愤怒，想要乘着铁木真再入贡，就当场杀掉他。铁木真知道后彻底与金朝断绝关系。蒙金关系公开破裂。

金大安三年（1211）二月，成吉思汗在克鲁伦河畔举行了伐金的誓师仪式之后，分兵南下。一路军队由成吉思汗率领，沿抚州（河北张北）、宣德（今宣化）、居庸关、中都（北京）方向推进；一路军队由术赤、察合台、窝阔台率领，向西京（山西大同）推进。

（一）首战乌沙堡

金廷得知蒙军前来，一面派西北路招讨使粘合合打与蒙军求和，一面派平章政事独吉思忠和参知政事完颜承裕两人行省事与边地，指挥防御作战。独吉思忠领兵赶到，大力加固边墙和堡垒以加强防御力量。

七月，金军修缮完毕乌沙堡，乌沙堡位于今河北省张北县北，是独吉思忠和完颜承裕受命辖抚州（抚州治所即在今河北省张北县北）军政时，为阻止蒙古军南下而修筑的。金军认为可以高枕无忧了。蒙古军以哲别为前锋，领兵突然攻入乌沙堡，又占领乌月营。乌沙堡一役失利后，金军在独吉思忠和完颜承裕的率领下退至抚州，驻于宣平（今河北张家口西南）。蒙军乘胜进兵邻近的昌州、桓州、抚州等地。占领了抚州的大水泊和丰利县。

（二）野狐岭会战

卫王允济听到乌沙堡失利后，解除独吉思中行省的职务，任命完颜承裕主持兵事，遣使慰劳金军上下。大安三年（1211年）八月，蒙古军队至野狐岭（河北万全县膳房堡北），"金人以招讨九斤监军，万奴等领大军力备于野狐岭"。金兵号称四十万，具有野狐岭天险。

野狐岭位于今河北省张家口地区，又名也乎岭、隘狐岭、额狐岭、扼胡岭。民国许闻诗的有诗曰："野狐胜地古今传，路险山高云汉边。莫怪军家争此地，长驱之捣控幽燕。"由此可见，野狐岭地势险要，是兵家必争之地。

金军在武器装备和战争供给等方面都优于蒙军，而且当时金军是以逸待劳，拥有城壕工事，兵力上也占绝对优势。但金军面临蒙军大兵压境，从上到下的态度都非常消极，毫无主动出击的勇气。

当时，有人向承裕等献计，听说蒙军新破抚州，正忙着分配战利品，战马散放在草原中，可以趁他们疏忽的机会，赶快派骑兵突袭。承裕坚持马、步军一起前进，才能保证万全。成吉思汗得到消息后，把蒙军分为两翼，开向野狐岭。完颜承裕看到蒙军将到野狐岭，未战先怯。这时，大将木华黎对成吉思汗说，敌众我寡，不致死力战，恐怕不能破敌。于是他自告奋勇，率一支敢死队，策马横戈，大声呼喊冲向金阵，金兵大乱。这时两翼骑兵猛然出现，在山谷两侧高山上，"钳形夹击"所有金兵，成吉思汗则指挥正面诸军整体并进，大败金兵。一直追到怀安城东，沿路金兵"陈尸百里"。

完颜承裕从抚州一直逃到宣德州宣平县。宣平是金朝北境重地，有险可守，当地土豪也表示愿意领兵做先锋，史载："承裕丧气，不敢抗战，退至宣平。县中土豪请以士兵为前锋，以行省兵为声援。承裕畏怯不敢用，但问此去宣德间道而已。"

果然当夜，承裕率兵南逃。蒙古军跟踵而击之。第二天，金兵退会河川，蒙古军突然赶到，两军展开最后决战。激战三天，最后，成吉思汗选三千精骑突入金军阵内，乘机亲自率大军发起全面进攻，金军主力全部被消灭。完颜承裕狼狈逃往宣德。

蒙金野狐岭、会河川战役对交战双方影响深远。统帅金朝大军的主帅完颜承裕，在乌沙堡失陷后气丧胆落，蒙军到来时不敢迎战，又未能据守险要之地防御，只是率领十余万大军夺路逃窜。可见，将帅怯战是造成金军大败的重要原因。金政权内部的腐败暴露无遗。

从蒙古军方面来看，这场战役由于成吉思汗用兵谨慎，谋划周密，因而取得了辉煌的战绩，而这个结局对鼓舞蒙军士气起到了很大的作用，增强了蒙古军敢打必胜的信心。而从金军方面来看，野狐岭、会河川战役失败给金军士气以沉重打击，金军产生了对蒙古军的恐惧心理。此役之后，金军和蒙古军交战是屡战屡败，在军事上完全失去了主动。史家评论说："金之亡决于是役"，"金人精锐，尽没于此。"

（三）中都之战

金大安三年（1211年）九月，蒙军攻陷德兴府不久又攻破居庸关。居庸关的失陷震动了中都，城内百姓顿时陷入惶恐混乱之中。为了稳住局面，金主允济一面下令戒严，一面急忙与群臣商议对策，有的主张弃城逃跑，主战派则认为尚有实力，尚可一战。金中都修建的极其宏伟壮观，其中有四座各有三里的外城，外城都建有楼橹城壕，如同边城，且有复道与内城想通。中都驻有重兵，又有坚固的城防，足以挡住蒙军的进攻。

金帝允济决定死守中都。蒙古军刚到中都城下，就遭到金军的偷袭，损失惨重。金军设计城内巷战，城内布满拴马桩，蒙古骑兵入城难以驰骋奔袭。十二月，蒙军攻破了金中都南顺门，金兵埋伏在城中暗处，等天黑后，突然放火烧民宅，街路一片火海，房屋成片倒下，蒙军伤亡惨重，不得不暂时退兵。蒙军改变战术，直接攻打内城，也遭到城上金军的密集射击，蒙军败退。在死守中都的同时，金军不断派轻兵袭击蒙古军营，十二月底，蒙古经过一番劫掠后，北退，驻军休整。蒙金第一次中都之战结束了。

蒙军主力回撤后，先锋哲别则率领一支蒙军东进辽东，直捣金东京，后来见暂时不能攻克，哲别退兵五百里。金守军以为蒙古退兵，大喜过望，疏于防备，而后哲别突然返回猛攻，东京失守后，蒙古军掳掠大批财物离开。

在辽东地区生活的契丹百姓，在蒙军不断取胜的鼓舞下，发动起义，反抗金朝在当地的统治。千户耶律留哥的起义军，发展到十余万人，耶律留哥在辽东自立为王，建国号辽，年号大统。

哲别奉成吉思汗之命全力攻打宣德、居庸关、中都一线时，自十月起，术赤、察合台、窝阔台率西路军攻打金西京（今山西大同），先后攻克了云内（今内蒙古托克托县东北古城乡白塔村古城）、东胜（今托克托）、武州（今山西左云）、朔州（山西朔州）、丰州（今内蒙古呼和浩特东）。西京留守完颜胡沙虎弃城而逃。蒙古军队遂将西京占领。"是时，德兴府（今河北涿鹿）、弘州（今河北阳原）、昌平（今北京昌平）、怀来（今河北怀来）、缙山（今北京延庆）、丰润（今河北丰润）、密云（今北京密云）、抚宁（今河北抚宁）、集宁（今辽宁兴城西南），东过平（今河北卢龙北）、滦（今河北滦县）、南至清（今河北青县）、沧（今河

北盐山），由临潢过辽河，西南至忻（今山西忻州）、代（今山西代县），皆归大元。"

以成吉思汗为首的蒙古贵族，对金作战一直以掳掠奴隶、财物和牲畜，作为作战的首要目标，占领城池并不重要。攻下城池后，便大肆屠杀掳掠而去，并不派兵进行占领，因此，蒙古军去后，这些城池就又为金朝所收复。西京如此，中都以北的宣德州、德兴府等重城也都如此。

（四）缙山—怀来会战

金崇庆元年（1212年）秋，成吉思汗整顿军马，再次大举南侵，进军路线仍循旧路，先后攻下宣德州、德兴府，进军到怀来。金朝这时稍稍恢复些力量，在这里布下三十万重兵防守，术虎高琪为防御使、权元帅右都监。尚书左丞相完颜纲领兵十余万行省事于缙山。完颜纲信心满满，他领兵到怀来与蒙古军展开激战。金兵大败，术虎高琪败逃，经此一役，金军的精锐遭到毁灭性打击，几乎全部丧失。蒙古军乘胜追至居庸关北口。

金兵在居庸关设防坚固，蒙古军队在距居庸关前百里之遥就不能前行了。成吉思汗留下怯台、薄察顿守居庸关北口，自己率军迂回南下，派出的先锋军经飞狐峪（今河北蔚县东南），袭取紫荆关（今河北易县西），金军大败。蒙军乘胜攻下易州（今河北易县）、涿州，然后派哲别在札巴儿的带领下，领军行小路，夺取居庸关南口。

居庸关既下，成吉思汗于当年秋天兵分三路，大举进攻中原。命皇子术赤、察合台、窝阔台为右军，循太行而南，皇弟哈撒儿及斡陈那颜、拙赤台、薄刹为左军，遵海而东，元人陈樱撰《通鉴续编》卷二十记载：当时中原诸路州郡几乎无兵可守，金朝将乡民临时编遣为兵士上城守御。蒙军到后，尽驱其家属来攻城，父子兄弟往往遥相呼认，这仗就没法打了。由此，保州、中山、邢州、洺州、磁州、相州、卫州、辉州、怀州等诸州郡都不战而降，蒙军于是由真定、威州渡黄河，大掠平阳、太原之间。别将富察等也循海而东，破滦州、蓟县，大掠辽西地区。而成吉思汗则亲自率军由中路破雄州、漠州、清州、沧州、景州、献州、河间、滨州、棣州、济南等州郡。

成吉思汗又命木华黎攻密州（今山东诸城）并屠城。此后，蒙古左、中、右三路军在大口会合，1213年秋至1214年春，蒙古三军几乎踏遍了金朝黄河以北华北平原的所有地区，只有中都、通州、顺州、真定、清州、沃州、大名、东平、德州、邱州、海州等十一城未下。蒙古军在这样广大的地区，仍然实行不派兵占领的政策，而是将金朝富庶地区的财富大肆掠夺，尽力把从各城市掳掠的金帛、百姓、牛羊席卷而去。对金朝统治的核心地区给予了沉重打击，使金朝统治阶层发生动摇。

三、金廷政变宣宗求和

在蒙军的不断压迫，进而形成逐渐合围中都的形势下，金朝中都城内发生了政变。

大安元年（1209年），纥石烈执中（胡沙虎）逃回中都，对他放弃西京逃跑的行为，允济却不予治罪。崇庆元年（1212年），胡沙虎被免职，罢归田里。至宁元年（1213年），允济见蒙军日渐逼近中都，又要启用胡沙虎。朝中大臣纷纷反对。允济不听，诏令胡沙虎权右副元帅，领武卫军五千人驻中都城北。

这时候蒙古兵离中都越来越近了。胡沙虎不但不进行战前准备，反而每天带着人打猎放鹞子，耽于田猎，疏于军务。允济派使者到胡沙虎营中责问。胡沙虎正在喂鹞子，听了皇帝的指责，顺手便摔死一只鹞子。并扬言，我胡沙虎干事向来是我行我素，不喜欢受人干涉，谁想干涉我的行为，这只鹞子就是下场！

胡沙虎决定谋反，经过密谋策划，他与完颜丑奴、蒲查六斤、乌古论孛剌等，诡称知大兴府徒单南平和他的儿子没烈谋反，奉诏诛谋反者。在中都城北的福海是南平的亲家，胡沙虎杀掉福海，夺去了福海统领的部队。至宁元年（1213年）八月二十五日晚，叛军兵分两路开进中都城，一路攻章义门，一路攻通玄门。骗开城门后，胡沙虎用计杀死了守城的南平父子，符宝候鄯阳、护卫十人长完颜石古乃闻叛乱，召汉军五百人坚决抵抗，不久二人败亡。胡沙虎率军包围皇宫，到了东华门，见大门紧闭，命人叫门，守门亲军首领冬儿与蒲察六斤情知有变不肯开门。胡沙虎命军士火烧东华门。霎时东华门变成了一片火海，守门军士纷纷逃跑。胡沙虎又命人搬来云梯，命令亲随护卫斜烈乞儿、春山二人率军从云梯上翻进宫城中，砸开大锁，打开东华门。叛军一拥而入，胡沙虎下令解散了禁卫军，自称监国大元帅，要求礼部令史张好礼为他铸造一颗监国元帅的大印。张好礼拒不从命，胡沙虎拿张好礼没有办法，只好将他赶了出去。

第二天一早，胡沙虎派亲兵将完颜允济押送到卫绍王府软禁起来。然后，派黄门官到内宫取玉玺。护玺的郑夫人坐在玉玺旁边，黄门官说明来意，郑夫人义正词严，痛骂了一顿。胡沙虎亲自去取印玺，郑夫人冷眼看了他一眼，闭上眼睛，端坐不动。胡沙虎恼羞成怒，上前去抢。郑夫人厉声说，再往前走一步，就把玉玺砸碎，让你什么也得不到！胡沙虎无奈之下，最后命人在宫中搜出了另一颗刻有"宣命之宝"的金印，假传皇帝圣旨，把他的几十个同党全部封了高官。接着，胡沙虎派宦官李思中到卫绍王府，杀死了完颜允济，又诱杀左丞相完颜纲。

完颜允济死后，胡沙虎就打算登基称帝。尚书右丞相徒单镒劝道，金国的皇帝历来都是完颜氏，现在你杀了皇帝，要取而代之，天下的人会愿意吗？如果天下的人都来反对你，你的皇帝能

当长吗？胡沙虎听从了徒单镒的意见，派人把世宗孙（显宗长子）完颜珣迎回朝廷，即皇帝位，史称金宣宗。因胡沙虎拥立有功，被封为太师、尚书令、都元帅。

至宁元年（1213年）九月，胡沙虎从镇州调回术虎高琪守卫中都以南地区。十月，术虎高琪与蒙古军交战，败回中都。胡沙虎警告他，你连吃败仗，如再战不胜，当以军法从事。术虎高琪害怕被杀于十月十五日发动兵变，带军队包围了胡沙虎的家，并杀之，接着提首级向朝廷请罪。金宣宗赦免了他，先任命他为左副元帅，又任命为平章政事。

贞祐二年（1214年）三月，宣宗命完颜承晖与蒙军议和。成吉思汗还不想立即消灭金朝，重点还是掳掠奴隶和财物。他拒绝了蒙古将领进攻中都的建议，向金朝提出议和条件。金宣宗完全接受蒙古的要求，献纳童男童女各五百，绣衣三千件，御马三千匹和大批金银珠宝，并把允济女岐国公主献给成吉思汗，以表示对蒙古的屈服。和议议定，完颜承晖伴送成吉思汗大军退出居庸关，垂死的金朝暂时逃过一劫。

蒙古之所以许和北退，是因为当时有诸多因素对蒙军不利。首先，蒙古骑兵长于野战，短于攻城。对于金朝经营了半个世纪的首都，蒙军难以迅速攻破。这是客观事实。其次，金中都乃金廷江山社稷之所在，金朝势必百计坚守，且有勤王之师赴京增援。最后，蒙军畏惧暑热，往往秋来春去。时值夏季来临，据《蒙古秘史》讲，蒙军已经出现因水土不服而疾疫流行的情况。所以，成吉思汗不从诸将攻城之请，同意金宣宗议和。蒙古在北还的同时，又开始了秋后南下的准备工作。将"所掳山东、两河少壮男女数十万，比杀之，"以消灭金朝的有生力量。成吉思汗采纳石抹也先之计，命木华黎领兵攻辽东，以"荡其根本"，还尽毁长城一线关寨，为再次南下扫去了障碍。

第二节

金都南迁与红袄军起义

金宣宗屈辱求和,成吉思汗暂时从中都退军,中都以北处于蒙军的占领下,金朝仍然随时都有被消灭的危险。蒙古退兵后,金宣宗匆忙将都城从中都迁到汴京。金朝南迁后,中都和辽东地区相继被蒙古占领,山东、河北一带,以红袄军为主的农民军也纷纷起义反金,金朝离灭亡越来越近。

一、金宣宗南逃迁都汴梁

面对着蒙古军队南下的凌厉攻势,金朝内部展开了是否迁都的大讨论。现在研究认为,金廷迁都,是当时不得不为的客观形势要求。

第一,金朝政局不稳,无法有效地行使其对外职能。章宗末年,违背众意,立寡能鲜智的卫绍王为嗣,为不少大臣所不服。

蒙军南下，胡沙虎发动政变，杀害卫绍王，立宣宗为帝。蒙军逼进中都，术虎高琪为逃败军之罪，又杀主帅胡沙虎。中都被围，"将帅不肯战"。既无靖难之谋，又无效死之节，"外托持重之名，而内为自安之计"。

第二，主力被歼，兵源枯竭，难以御蒙。蒙古乘金"不治戎备"，攻破北边防线，大败金军于会河堡，史称是役军"僵尸百余里，金兵之精锐者咸尽"。袭破居庸关，金兵"积尸如烂木"。长城沿线和西京争夺的结果，"罄金虏百年之兵，销折溃散殆尽"。中都被围，金朝只得"市无赖为兵，教阅进退跳掷，大概似童戏"。所以，完颜弼说："今驱市人以应大敌，往则败矣。"

第三，中都乏粮，转运不至。据史料记载，中都被围时，城内乏粮，"军民饿死者十四五"。金宣宗下诏入粮补官。兵粮俱缺，中都实难坚守。

第四，金朝沿边关寨城堡被毁，中都邻为敌境。蒙军北还尽毁长城沿线城邑关寨，"中国无古北之险"，故时人惊呼"巍巍帝都邻为敌境，兵戈朝起夕已到京"。中都不能再作为金朝的政治中心了。

所以，蒙军一撤，迁都便被提上议事日程。金廷就都城迁留问题进行过多次讨论，当时在京大臣和地方官就都城迁留问题各自发表意见，形成主迁、主留两派。主迁派的主要人物是元帅左都监完颜弼，他认为现在金蒙虽然议和，万一蒙古轻骑再来，金廷就要再度被困,应该速讲防御之策。他的防御之策就是迁都南京(汴京),南京南有淮水,北有黄河阻隔,西面可以依靠潼关防守,非常有利于抵御蒙军进攻。参知政事耿端义、翰林学士赵秉文、翰林侍制李英等也都支持这个对策。主留派以丞相徒单镒为代表。他认为,车驾一动,北路就都要失守。现在既已经讲和,聚兵积粟,固守京师,才是上策。宗室霍王从彝认为:"祖宗山陵,宗庙、社稷、百司、庶府都在燕京,岂能放弃逃跑?"元帅府经历官纳坦谋嘉认为:"河南地狭土薄,如果宋、夏交侵,河北之地就都要失去。应当选诸王分镇辽东、河南,中都不能离开。"大学生赵昉等四百人上书反对迁都。两派各执一端,或根据客观局势,或参照历史经验,证明各自主张的正确性。金宣宗迫于蒙古压力和金朝国力,同意了迁都的主张。至于迁往何处,主迁派内部存在分歧,各持一说。据文献所载,主要有五种提案。

其一是山东。由翰林学士赵秉文提出。赵秉文提出:"山东天下富强处也,且有海道可通辽东,接上京。"开黄河故道"有大河之险,有维城之固,而无近塞之忧"。

其二是河东河中府(今山西永济)。《金史》称"论者以为河中背负关陕五路,士马全盛,南阻大河,可建行以为右翼,前有绛阳、平阳、太原三大镇,敌兵不敢轻入"。

其三是东京辽阳府(今辽宁辽阳)。徒单楷在反对迁都南京时提出迁都东京,认为"辽东根本之地,依山负海,其险足恃,备御一面，以为后图"。

其四是关中京兆府（今陕西西安）。主此议者较多，以吏部尚书张公理为代表。他认为"关中有金城天府之险，按秦之旧，进可以图恢复，退不失其为自强"。

其五是南京开封府（今河南开封）。文武大臣主此说者颇多。最先提出迁南京者是居庸关守将李英。贞祐二年（1214年）正月，李英负伤还京，因上十策"以踞中土以镇四方，委亲贤以守中都"为首，"中土"，即指河南。

金宣宗最后选择了南京。贞祐二年（1214年）五月十一日，宣宗下诏南迁。任完颜承晖为尚书右丞相兼都元帅，抹捻尽忠为左副元帅，与太子守忠留守中都。五月十七日，以骆驼三千匹满载宫室的珠宝，车三万辆载运文书先行，十八日，宣宗离开中都南逃。金朝从此步入最后灭亡的时期。

后世大多学者认为宣宗迁都这一选择是正确的。当时金廷决策的出发点不是如何反击蒙古南进，而是怎样稳住统治以图后效，因而据险自固是金朝大臣考虑迁往何处的首要条件。东京辽阳府本渤海故都，辽金两朝皆以之为陪都，置留守司，但东京与蒙古邻近，且当时蒙军正在抄掠东京路。因而，迁都东京不合情理。赵秉文迁山东是以疏通黄河故道为条件的，而当时金朝的国力、民力都不能完成这项巨大工程，况且自"开禧北伐"以来，山东便为反金武装"红袄军"活跃的区域。河中府位于黄河以北，失黄河之险，不足以阻挡蒙骑的侵袭，又无宫室，因而河中也不能为都城。主关中说者其实是根据秦、汉、唐强盛的历史经验而不知变通的想法。关中作为全国政治、经济中心的地位早在中唐就已丧失。当时蒙古已逼降了西夏。西夏成为配合蒙军打击金朝的敌对力量，出兵攻掠陕西沿边州郡，搞得"平凉巩会之间，无岁不犹"。若迁京兆，西夏疑金进逼，势必竭力相抗。而南京为北宋故都，宫室完备，更重要的是可凭借潼关、黄河天险阻挡蒙古骑兵的冲袭，稳住阵脚。因此，将南京作为金朝政治中心在当时局势下是最理想的地方，迁都南京是明智之举。

贞祐二年（1214）七月，金朝君臣经两个多月的转徙抵达南京，开始经营河南以图中兴。金廷经营河南最重要的措施就是建立潼关—黄河防御体系。南渡以后，潼关—黄河便成为求存生、图中兴的生命线。

金宣宗首先对潼关邻近州郡隶属进行调整，以加强守备。陕州本为防御州，随着都迁河南，陕州护潼关、保黄河的地位突出，贞祐二年升为节镇，又将京兆府下的虢州改为陕州支郡。同时将驻扎在同州、华西的九千步骑归陕州宣抚司指挥。贞祐二年（1214年）十月，为进一步加强河南秋防兵力，选陕西骑兵二千护卫汴京，增步军万人戍汴京以西，四万戍京以东。同年十一月，又调抗蒙名将河北西路宣抚副使田琢率所都人马屯陕州以备缓急。

二、军降蒙中都失陷

金宣宗南逃的行动，极大地动摇了河北各地的抗蒙意志。女真将领和地主武装纷纷降蒙。首先投降的是驻防在中都以南，涿州、良乡一带以契丹军为主的乣军。

契丹军和乣军在金朝遭受了最为沉重的压迫。所以，宣宗南逃后，契丹军首先起兵反金。驻守中都的完颜承晖派兵进行镇压。金章宗时候，曾在卢沟修建壮丽的卢沟石桥，金兵据守石桥拦截乣军。乣军千人潜游渡水，自背后袭击守桥的金兵，从而大败金军，乣军缴获大批衣甲、武器、马匹，声势大振。乣军起兵后，一面派使者去辽东与耶律留哥相联络，一面派使者到蒙古军营投降求援。

成吉思汗在桓州得知宣宗南迁和乣军来降，派蒙古将领三木合拨都与金朝抚州降将石抹明安（契丹人）和涿州降将王楫（汉人）率领蒙古军南下会合。石抹明安、王楫等军进攻古北口，连续攻下景、蓟、檀、顺等州。

成吉思汗任命石抹明安、王楫与乣军会合作战。对于被俘金军将士，石抹明安向成吉思汗建言，这些人本来都应当杀掉，但是让他们活下去，那些还在观望的就会望风归降。成吉思汗采纳了石抹明安的建议。石抹明安、王楫军变屠掠为招降，所到之处，金军望风迎降，陆续收降了数万人。

贞祐二年（1214）七月，宣宗和术虎高琪见蒙军南下，要把驻守中都的太子完颜守忠调回汴京，监察御史完颜素兰反对。术虎高琪说，主上住在这里，太子应当随行。况且你能担保中都守得住吗？完颜素兰认为，中都不敢说一定保住，但太子在那里就声势俱重，如果守住关隘则都城可保。昔日唐明皇幸蜀，太子留在灵武，就是为了维系天下人心。宣宗、术虎高琪不听，诏太子去汴京。太子离开中都，表明金朝无意在中都坚守。

贞祐三年（1215）正月，金右副元帅蒲察七斤在通州投降。石抹明安命他仍官原职并归蒙军指挥。蒙军逼近中都，完颜承晖向汴京告急，七斤投降后中都城中已经没有坚守的意志，臣虽然尽力死守，岂能持久？如果中都一失，辽东、河北都非我所有。倘若诸军赶快来援，或许还有可救。宣宗立即派元帅左监军完颜永锡，率领中山、真定、保、涿等州兵，元帅左都监乌古论庆寿率领大名军一万八千人，西南路步骑一万一千人，河北兵一万人，御史中丞李英护运粮草救援中都。永锡军至涿州旋风寨，遇到蒙古军，大败。李英收编河间、清、沧等处地方"义军"数万人，每人带粮三斗。李英自己也背负粮草，以鼓励士气。

三月，李英在霸州与蒙军相遇，金军大败，李英战死。粮草都为蒙古军夺取，乌古论庆寿也溃败散去。术虎高琪不再派兵救中都，中都危在旦夕。

五月初，完颜承晖见蒙古兵临城下，与抹捻尽忠商议，以期死守。抹捻尽忠却与他的心腹，元帅府经历官完颜师姑密谋南逃。承晖召见师姑说，我以为平章知兵，所以才推心信任、委付兵权。平章曾许我俱死。现在忽然又有异议。行期在何日，你必定知道。师姑说，今天傍晚就走。承晖问，你办好了行李吗？师姑说，都已办好。承晖大怒说，国家社稷怎么办？立即把师姑推出斩首。承晖作遗表交付尚书省令史师安石，表中称，"平章政事高琪，赋性阴险，报复私憾，窃弄威柄，包藏祸心，终憾国家。"承晖与师安石诀别，要他持遗表去奏报朝廷，随即服毒自杀殉国。

这天傍晚，抹捻尽忠放弃中都南逃汴京，宣宗没有责备他，仍旧任命他做平章政事。抹捻尽忠逃跑的当天，石抹明安率领蒙古军进入中都城，中都从此陷入蒙古统治之下。自海陵王迁都以来的六十几年间，中都都是金朝的都城，中都失陷，预示着金朝灭亡的日子近了。

三、辽东将领的叛变与辽东辽西的失陷

贞祐二年（1214）四月，成吉思汗率领蒙古军自中都北撤后，又派木华黎和石抹也先（降蒙的契丹人）等去辽东攻下了金东京，掳掠大批粮食武器。宣宗南迁，成吉思汗在派遣三木合、石抹明安等攻取中都的同时，再派木华黎等去攻略辽西、辽东，金朝在辽西、辽东的将领和各地地主武装，纷纷投降蒙古，或拥兵自立。

（一）北京的失陷

蒙古军兵分两路，向辽西、辽东地区进攻。木华黎率西路军侵金北京大定府，孛秃率领东路军攻懿州等地。十月间，木华黎军过临潢至高州，金守将卢中、金朴等投降。十二月，孛秃攻掠懿州，金节度使高闾仙战死。贞祐三年（1215），木华黎军继续攻掠惠和、金源、和众、龙山、利、建、富庶等十五城，进而攻打金北京大定府。北京宣抚使兼留守奥屯襄领兵二十万拒战，与蒙古军战于花道。金兵战败，死八万人。奥屯襄据城坚守。城中食尽，部下契丹军出降，金兵大乱。北京宣差提控完颜习烈杀奥屯襄，部下又杀习烈，推乌古论寅答虎为帅。二月间，寅答虎率部投降蒙古。木华黎命寅答虎权北京留守。北京是辽西的重镇，金朝聚集精兵驻守，金朝失掉北京，丧失重兵，北方更加危急了。

（二）官员地主投降

面对蒙古南侵，金朝节节败退，河北各地地主武装结社自保，号清乐社。清乐社领袖永清土豪史秉直，在贞祐元年（1213年），木华黎南侵时率清乐军（又称黑军），投降蒙古。木华黎封史秉直子史天倪为万户。贞祐二年（1214年），史天倪和叔父史怀德等统领黑军随蒙古军进攻北京。北京陷后，史天倪族弟天祥又奉蒙古命去攻打北京以南各地的寨堡。

北京以南地区的土豪和河北一带一样，在蒙古南侵、金兵败乱的过程中，纷纷组织武装，结寨自保。北京土豪田雄，曾接受金朝军都统的官称，木华黎军至北京，田雄即率众出降，隶木华黎麾下随从征掠。史天祥分兵进攻北京附近山寨。摩云山王都统至史天祥军投降，又受命入列崖，擒都统不剌降蒙。城子崖、楼子崖等二十多寨相继投降。

西乾河的答鲁、五指山的杨赵奴等固守抵抗。史天祥军来攻，杨赵奴战死。答鲁有众数万，战败后，又聚众攻龙山，杀死蒙古北京路都元帅吾也儿。史天祥军来救，答鲁战死。

木华黎进军兴中府，遣刘蒲速窝儿、高德玉（金降臣）向兴中府同知兀里卜劝降、兀里卜严正拒绝，斩刘蒲速窝儿，高德玉逃跑。兴中府投降派官员地主杀兀里卜，推当地土豪石天应为帅，石天应举城投降。

川州地主刘世英，义州地主李守贤先后率众投降蒙古。义州开义县土豪王珣，聚众十余万，结寨自保。蒙古军到来，也率众投降。各地投降的官吏和地主武装，陆续加入蒙古军，助蒙侵金，对金朝在各地的统治构成了极大的威胁。

(三) 锦州张氏独立

贞祐二年（1214年），锦州张鲸聚众十余万，杀金节度使，自立为临海郡王，叛金降蒙古。贞祐三年（1215年），张鲸自号辽西王，建年号大汉。四月，成吉思汗下诏给木华黎，命张鲸总领北京十提控兵，随从蒙古将领脱忽阑彻里必南下，侵掠燕京以南州郡。木华黎命石抹也先同行，监视张鲸。军行至平州，张鲸

图谋叛蒙,被石抹也先杀死。

张鲸弟张致在锦州,听说张鲸被杀,割据锦州叛蒙自立,称汉兴皇帝,建年号兴龙。张致联络义州开义县地主杨伯杰,进攻义州。进而张致军攻下平、栾、瑞、利、懿等州和广宁府,张致自称瀛王。贞祐四年(1216年)六月,张致遣部下完颜南合、张玩僧向金宣宗上表归金。宣宗诏命张致行北京路元帅府事兼本路宣抚使,南合同知北京兵马总管府事,玩僧同知广宁府事。木华黎率数万人讨之,进逼红螺山,张致部下主将杜秀投降。张致军攻下兴中府。七月,木华黎进兵兴中、遣吾也儿等围攻溜石山堡。张致遣张鲸子东平救援。木华黎率军会合夹攻,东平败死。张致退守锦州。木华黎军围攻月余,张致闭门坚守。部下高益叛变,缚张致投降蒙古,张致被杀。

(四)辽东契丹军动乱

经过野狐岭会战,金朝精锐尽没。金主卫绍王对境内辽代遗民契丹人心存疑虑和戒备,担心他们与蒙古人呼应,联合反金。于是下令各地凡有契丹人居住,必须以二户女真夹一户契丹,进行监视。这则命令,引起辽东契丹人耶律留哥的愤怒。他出身辽朝皇族后裔。当时正是金朝北边千户,他趁金国上京(今黑龙江阿城)、泰州(今吉林洮安四家子)守兵调防之机,于崇庆元年(1212年)在隆安(今吉林农安)、韩州(今吉林梨树偏脸城)起义反金。周围被金国压迫的百姓纷纷加入。尤其是他前朝皇族后裔的身份，对契丹人更有一种无与伦比的号召力。不及数月，起义军已成气数，后与耶的合兵，竟拥众十余万。于是，耶律留哥自立为都元帅，以耶的为副，声势极为浩大。

成吉思汗得到消息后，命令按陈那衍和浑都古率军前往辽东，半路与耶律留哥相遇，留哥与按陈结盟，归顺蒙古，共同反金。

金主卫绍王命完颜承裕率军六十万，号称百万，征讨耶律留哥并宣称，谁要能灭了耶律留哥，赏黄金一千两黄金。此刻，在辽河畔的一座军帐中，耶律留哥认为没有办法和如此强大的金军抗衡。他没有采纳弟弟耶律厮不（史书简称耶厮不）意见与金人单独作战，而是与蒙古军队结盟共同抗金。

不久，辽金两军交战于迪吉脑儿（今辽宁昌图），在蒙古军援助下，耶律留哥奇迹般地大败金军，初步稳固了新生的政权。

至宁元年（1213年）三月，在上京临潢府，耶律留哥称王，国号辽，建元元统，史称东辽。封设丞相、元帅、尚书等官职。

金宣宗即位后。任命蒲鲜万奴为辽东宣抚使，于1214年，命万奴率四十万大军，二战耶律留哥。由于蒲鲜万奴轻敌，耶律留哥再败金军，尽有辽东州郡，遂建都咸平（今辽宁开原老城镇），号曰"中京"。

金国对蒙古战争连年不利，国力迅速衰弱。蒲鲜万奴预感到

金国即将灭亡,在贞祐三年(1215年)春发动兵变,在东京建都自立为天王,国号"大真",年号天泰,史称东夏国。耶律留哥和蒲鲜万奴虽然都造反了,但彼此之间仍是水火不容。蒲鲜万奴分兵两路,一路南下为偏师,一路北上是主力,以攻取金国上京为战略目标攻掠上京城等地,只派副元帅移剌都镇守东京。耶律留哥趁机偷袭东京,城破。但耶律留哥无意久居,劫掠一番后离去。蒲鲜万奴才得以收复东京。

这时候的耶律留哥兵锋极盛,群臣劝他称帝,完全摆脱蒙古影响。耶律留哥不听,于贞祐三年(1215年)十一月,赴北朝觐蒙古成吉思汗,被赐金虎符,仍号辽王。

贞祐四年(1216年),留哥的弟弟耶律厮不趁耶律留哥外出之机,率众反叛,在澄州(今辽宁海城)称帝,改元天威,史称后辽。三个月后,耶律厮不就被部下所杀,众推乞奴为监国。同年秋,木华黎率蒙古军东下,乞奴等不敌,率九万契丹部众越过鸭绿江进入高丽境内。在高丽,又发生内讧,金山杀乞奴,自称辽王。兴定元年(1217年),统古与杀金山,取而代之。兴定二年(1218年)九月,喊舍又杀统古与而自立,并占领高丽重镇江东城。

高丽王高宗乞求蒙古与东夏出兵帮忙收复江东城。耶律留哥引契丹自己部下七万、蒙古兵一万、东夏兵两万,共联军十万入高丽。这个时候,蒲鲜万奴和耶律留哥终于连起手来,与蒙古统帅哈真一并遣使面见高丽王，要求以粮援助，出兵合击江东城。高丽西北面元帅赵冲、兵马使金就砺得知后，双双起身附和。"国之利害正在今日，若违彼意，后悔何及？"高丽王批准了此事。于是，赵冲发米千石，由千名精兵护送到蒙古军中；赵冲与金就砺各率本部共四十万助攻江东城。

兴定三年（1219年）春正月，联军攻克了江东城，喊舍自缢身亡，五万余名后辽军皆降。降军多归耶律留哥统辖，附庸蒙古。

后辽灭亡后，耶律留哥重新掌握辽东政权，东辽复国。兴定四年（1220年），耶律留哥死，由妻姚里氏权领其众，七年后，长子薛阇即位。从此彻底成为蒙古的附藩，直到1269年忽必烈撤藩，其时辽王耶律古乃去爵，东辽国亡。不过，耶律留哥的后代依旧是元朝统治东北地区的世袭地方官。

（五）蒲鲜万奴与东夏国

蒲鲜万奴（？—1233）金末女真人。金章宗时，为尚厩局使。金泰和六年（1206年），宋韩侂胄分兵三路伐金。蒲鲜万奴以右翼都统随都统完颜赛不在溱水（汝水支流，今名臻头河）阻击宋中路军，适值溱河水涨，宋兵扼桥相拒。完颜赛不派蒲鲜万奴与完颜达吉不乘夜黑分左右两路渡河，大败宋军。其后，蒲鲜万奴率军再断宋军后路，击溃宋军，金军乘胜连下淮南诸州县，进至长江北岸。宋廷震恐。于是金宋再签和议（即嘉定和议）。蒲鲜万奴因军功晋爵一级。

金大安三年（1211年）七月，成吉思汗发兵南下攻金。卫绍王遣平章政事独吉思忠、参知政事完颜承裕统兵迎战。乌沙堡之战金军大败，蒙古军乘胜南下。蒲鲜万奴被调往北线，任监军，随招讨使纥石烈九斤（一说完颜九斤）野狐岭抵御蒙古军。因主帅九斤指挥失误，金军溃败。

卫绍王末年，金北边千户耶律留哥（契丹人）在东北起兵叛金，至宁元年（1213年），卫绍王命完颜承裕为元帅右监军兼咸平路兵马都总管，率军六十万，剿灭耶律留哥，蒲鲜万奴随军出征。

金宣宗即位，授完颜承裕辽东宣抚使，蒲鲜万奴为咸平路招讨使，金朝不究前次丧师之罪，令其治兵效力。金贞祐二年（1214年），宣宗欲招抚耶律留哥，遣退守盖州的知广宁府温迪罕青狗往广宁，招谕留哥，许以重禄，留哥不从。青狗见留哥势盛，妻子亦陷广宁，反留下来臣侍留哥。金宣宗大怒，遂派遣新任辽东宣抚使蒲鲜万奴率领大军讨伐耶律留哥。双方战于归仁（今辽宁昌图）北细河上，金军大败。蒲鲜万奴收散卒败走东京（今辽宁辽阳），耶律留哥进占咸平，尽有附近州县，遂以咸平（今辽宁开原）为都城，号中京。

咸平路在辽东地区是咽喉重地，军事上颇为重要，其治所在咸平府，金时辖境相当于今辽宁北部铁岭以北辽河流域。蒲鲜万奴畏惧朝廷惩处，从这时起已有了叛金之意向。

贞祐二年（1214年）五月，金宣宗弃中都（今北京），南迁南京（今河南开封）。成吉思汗一面发大兵再围中都，另一面派遣木华黎率军攻打辽西，从而切断了东北与金朝廷的联系。面对蒙古军的不断进逼，蒲鲜万奴与其他的东北金朝将官不是精诚合作，共同对敌，而是互相猜忌、倾轧。早在万奴任咸平路招讨使时，见东北路招讨使完颜铁哥兵强马盛，乃以咸平与耶律留哥辖地相邻，征完颜铁哥骑兵二千、泰州军三千及其户口充实咸平，铁哥不遣。及万奴继任辽东宣抚使，即治铁哥罪，下狱杀之。北京留守奥屯襄、宣差蒲察五斤上表，称蒲鲜万奴有异志，朝廷应治罪万奴，限制其势力发展。蒲鲜万奴由于归仁之败，颇不自安。两将上表，益恐宣宗治罪于他。此时木华黎大军正在进攻辽西，连拔惠和等十五城。贞祐三年（1215）正月，北京守将宣抚使兼留守奥屯襄被杀，城破。接着蒙古军占领兴中府（今辽宁朝阳）。蒲鲜万奴决定不复听命金朝，主动出击，扩大自己势力范围，以图在东北立足，此后，万奴多次出兵攻取咸平、沈州（今辽宁沈阳）、澄州（今辽宁海城），南下取宜风、易池（今辽宁盖州市一带）。

贞祐三年（1215年）十月蒲鲜万奴据东京自立，称天王，国号大真（史称东真），改元天泰。都东京，统辖东京附近州县及咸平路部分地方。当时金军到处败绩，大失人心，蒲鲜万奴的新号召，附近的州郡，北自沈州（今沈阳），南至澄州（今海城），皆归附于万奴，该各地区的猛安、谋克（女真军户）也拥护万奴。

万奴称号之后，曾北取咸平，击败耶律留哥，既而又放弃了咸平，移师东征婆速路。婆速路治所在今辽宁宽甸县南鸭绿江北岸，辖境西北起千山山脉，东抵长白山，南跨鸭绿江（含今朝鲜北部），其地皆居猛安户。

咸平是耶律留哥的中京城，虽然蒲鲜万奴放弃而东攻婆速，可这一举动促使耶律留哥乘虚南下，袭取东京（今辽阳），俘虏万奴之妻李仙娥及眷属，这也算是耶律留哥对万奴的报复。万奴东进，多次被金将纥石烈桓端所败，又闻东京（今辽阳）失守，家眷被俘，进退失据，乃率部东窜，有史书记载说他流窜到了海岛。蒲鲜万奴自立后，受到来自朝廷、蒙古和耶律留哥三方面的夹击。特别是蒙古的军事进攻。贞祐四年（1216年）七月，木华黎大军占领辽西后，东渡辽河，连克苏、复、海三州，一直挺进到鸭绿江下游，取婆速府路大夫营。蒙古军所到之处旨在掠夺财物，一扫而过，辽东诸城望风而降。十月间，木华黎大军过东京时，蒲鲜万奴亦递降表，并按照蒙古军的规定，以子帖哥为人质。

蒲鲜万奴降蒙后，率众十余万人，逃入海岛，经过一段时间的休整，兴定元年（1217年）正月，万奴率部出海岛，转战于鸭绿江下游一带，大破金军于大夫营，迫使金军残部渡江奔高丽。适时蒙古军已撤出辽东，木华黎被调往中原。万奴子帖哥亦从蒙古返回辽东，于是万奴杀蒙古留守（监军）耶律捏儿哥，叛蒙古自立。

蒲鲜万奴认为辽东地区不宜固守，率部北上攻取隆安府（今吉林农安），金守将辽东、上京等路宣抚使兼左副元帅蒲察移剌都弃城逃往开封。接着，万奴全力攻打上京（今黑龙江阿城之白城子），由于金守将元帅完颜承充及其女完颜阿鲁真率军顽强抗拒，万奴几次发动进攻，均未能攻克。于是他放弃上京，向东进军，进入易懒路、婆速路地区。六七月间，改国号为东夏，年号仍为天泰，建都开元（一说在今黑龙江宁安东京城，即原渤海上京龙泉府；一说在绥芬河下游双城子，即今乌苏里斯克），并置南京、北京两个陪都。

而后于金兴定元年（1217年）占据了东女真的和懒路。和懒路治所在今朝鲜咸镜北道吉州，辖境相当于长白山以东，吉林图们江流域以南，朝鲜咸镜南道咸兴以北地。南境和高丽接壤，高丽筑有长城。到这年年底，和懒路全境皆为万奴所有。

和懒路是南部生女真之故地，金国完颜氏兴起之初，曾在和懒路用兵多年，征服生女真各部落，并击败了高丽大军，完颜氏建金国之后便在这里设置了和懒路，包括图们江流域及朝鲜万岛东北的咸兴平原。在万奴占据和懒路的时候，金国上京守将也放弃上京归附了蒲鲜万奴。万奴便尽有了女真故地，约在牡丹江以东，黑龙江以南，以至咸兴平原之地尽皆被万奴占领。

东夏国的政治、军事、经济与文化皆承用金朝制度，朝廷设尚书省六部，地方设路、府、州、县与猛安谋克。辖境东至日本海，

北界黑龙江,西起张广才岭东西,南到曷懒路南界(今辽宁铁岭一带)。

金正大六年(1229年),窝阔台即蒙古大汗位,亲率大军攻金。正大九年(1232年)钧州三峰山之战,蒙古消灭金军主力,占领了黄河南北大部分地区。随后兵锋指向东夏国,天兴二年(1233年),蒙古皇子贵由、诸王按赤台、国王塔思统帅大军取道高丽,攻入东夏国。九月,围困蒲鲜万奴于南京,城陷,万奴就擒被杀。蒙古军很快占领了开元、恤品(今绥芬河流域)两路。

四、红袄军起义

在蒙古侵金的同时,山东、河北地区的人民,纷纷举行了反抗金朝黑暗统治的武装起义,少者数万人,多者数十万,起义者穿红袄做标志,因此又被称为"红袄军"。

章宗泰和时,金、宋开战,山东各地群众相继起义抗金。益都县人杨安儿(又名杨安国,以卖鞍材为业,人称杨鞍儿)聚众起义。以后投降金朝,金朝加给刺史即防御使的官职。大安三年(1211年),蒙军南下。崇庆元年(1212年),蒙古军围中都,金朝诏令以唐括合达为都统,杨安儿为副都统,领兵戍边。杨安儿行至鸡鸣山,中途逃回山东,再次起兵抗金。以母舅刘全为元帅,攻打营州、密州等地。贞祐二年(1214年),金宣宗向蒙古请和。蒙古军退后,宣宗即集中兵力,镇压山东各地的起义军。

金宣招使仆散安贞败安儿军于益都城东。起义军转攻莱阳，金莱阳守将徐汝贤以城降杨安儿。登州刺史耿格开城郊迎红袄军。杨安儿遂称王号，置官属，立年号天顺。进而攻下宁海，进兵潍州。一些女真贵族的家奴也参加了杨安儿军。

七月间，仆散安贞与沂州防御使仆散留家，安化军节度使完颜讹论等合兵攻杨安儿军。徐汝贤等率三州之兵十万拒战，转战三十里，数万人战死。起义军棘七等率兵四万列阵于辛河。仆散留家由上流胶西进兵，起义军损失甚重。仆散安贞军至莱州，起义军史泼立部二十万人在城东列阵迎战。仆散留家以轻兵攻城诱战。起义军损失近半数。仆散安贞以重赏招降，遭到拒绝，九月，金兵攻下莱州，徐汝贤被杀。耿格、史泼立降金。杨安儿与部下汲政等乘舟入海，被舟人陷害，堕水而死。安儿妹杨妙真号四娘子，勇悍善骑射，人称"姑姑"与刘福等收集残部，得数万人。

潍州农民李全，"以弓马矫健，能运铁枪"，人称李铁枪，与兄李福等起义，响应杨安儿，攻打临朐，进取益都。刘庆福、国安用、郑衍德、田四、于洋、于潭等农民军，都归李全指挥。

杨安儿败死后，刘全、杨妙真等率余部万余人与李全军汇合。李全与杨妙真结为夫妇，合兵攻打完颜霆军。李全战败，率部众保东海，刘全分军驻堌上。兴定元年（1217年），杨安儿部下季先率领李全部下五千人投附宋朝。李全分兵攻破莒州，擒金守将蒲察李家。于洋攻下密州。李福攻下青州。金宣宗曾经想要招抚

起义军，李全回复"宁做江淮之鬼，不为金国之臣"。兴定二年（1218年）四月，金招抚副使黄掴阿鲁答又夺回密州，李全军战败。阿鲁答又败李全军于莒州。九月，李全反攻密州，破密州城，获得大胜，擒黄掴阿鲁答、夹谷寺家奴，进而攻破寿光、邹平、临朐等县。红袄军继续壮大。贞祐三年（1219年），李全在涡口（今安徽怀远）掩击金军，其后在曹家庄大败金军，六月，李全说服金军元帅张林以二府九州四十县降宋，宋朝授给李全京东路总管的称号。此后，李全以益都为中心，不断发展个人势力。

密州红袄军领袖方郭三称元帅，据密州，进而转战沂州、海州一带。七月间，金仆散安贞军在莱州镇压了杨安儿红袄军后，派仆散留家率军攻打胶西诸县起义军。完颜伯德袭击密州，方郭三被杀牺牲。密州又被金朝占去。

泰安人刘二祖领导当地农民起义，转战淄州、沂州一带。贞祐二年（1214年），仆散安贞军在莱州镇压杨安儿后，宣宗下诏，向刘二祖等招降。刘二祖红袄军拒不投降，继续战斗。贞祐三年（1215年）二月，仆散安贞派提控纥石烈牙吾塔等攻破巨蒙等四堌及马耳山。刘二祖军四千余人战败牺牲，八千余人被俘。红袄军宣差程宽、招军大使程福被擒。仆散安贞又派兵与宿州提控夹谷石里哥同攻刘二祖军的据点大沫堌。红袄军千余人迎战。金提控没烈自北门闯入，另一军攻红袄军水寨。红袄军五千余人战死。刘二祖在作战中负伤，与参谋官崔天祐及杨安儿部太师李思温等一起被擒。红袄军余众退保大小峻角子山。金军追击，红袄军万余人牺牲。刘二祖被杀就义。十月，仆散安贞因镇压红袄军有功，升为枢密副使，在徐州行院事。

刘二祖牺牲后，余部在霍仪领导下继续抗金，并在斗争中不断壮大。彭义斌、石珪、夏全、时青、裴渊、葛平、杨德广、王显忠等统领的起义军，都聚集在霍仪的麾下。贞祐四年（1216年）春，霍仪率红袄军数万人攻邳州，与金邳州刺史、徐州界都提控纥石烈桓端作战失败，退保北山。霍仪部转战沂州，围攻州城。金同知防御事仆散撒合向纥石烈桓端求援。桓端出兵，内外夹击。红袄军战败，万余人牺牲，霍仪战死。石珪、夏全等降金。彭义斌等率余部投归李全。

杨安儿、刘二祖领导的红袄军相继失败后，另一部分余众，在兖州泗水人郝定领导下，逐渐集结发展到六万人。贞祐三年（1215年）冬，连续攻下兖州、滕州、单州及莱芜、新泰等十余县。郝定称大汉皇帝，设置百官。

贞祐四年（1216年）春，郝定派大汉宣徽使李寿甫等攻打临沂、费县境，被金军击败，李寿甫被擒。金宣宗命尚书右丞侯挚在东平行省事、权本路兵马都总管，镇压郝定军。五月，仆散安贞在镇压刘二祖红袄军后，又受命镇压郝定军。郝定战败，损失数万人。郝定退回兖州泗水。山东西路宣抚使完颜阿邻（汉人，本姓郭氏，蒙古围中都时，应李雄招募，有军功改姓完颜。）攻

入泗水柘沟村。郝定被擒,在汴京英勇牺牲。

贞祐三年(1215年)九月,周元儿领导的红袄军攻克深州、祁州、束鹿、安平、无极等县,遭到真定府金兵的镇压。周元儿及红袄军五百余人被杀牺牲。

在山东、河北一带红袄军起义的同时,南阳五朵山农民千余人起义。金节度副使移剌羊哥领兵镇压,与起义军相遇于方城。起义军拒绝金军的招降,作战失败,大部牺牲。金宣宗采纳移剌买奴的建策,因南阳地区靠近钧州,强迫起义余众迁徙到归德、睢、陈、钧、许诸州之间,以防止起义者与宋人联合反金。

兴定二年(1218年),李旺等起义军占据胶西,称黑旗军。金权知益都府田琢派张林等领兵镇压。李旺被擒。起义群众在各地继续作战。起义军邹元帅在小堌坚守,被金莱州经略使术虎山寿军战败。起义军前锋于水等三十人被擒。起义军陈万户与金军激战,八百人牺牲。起义军又在朱寒寨与金军作战,失败。余众仍分布在胶西、高密的农村与海岛之间,坚持战斗。

兴定二年(1218年),石州冯天羽等数千人据临泉县起义。金帅府派兵镇压,被起义军击败。州刺史纥石烈公顺领大兵来招降。冯天羽等数十人迎降,公顺杀冯天羽。起义群众走保积翠山,继续战斗。金将王九思攻破寨栅,起义群众二千人牺牲。余众仍继续坚持战斗。起义军中的国安用等投降,起义被出卖而失败。起义群众被分置于绛州、霍州之间。

刘二祖、霍仪失败后，各地起义群众继续在夏全、石花五等领导下，坚持斗争。兴定元年（1217年），分布在济南、泰安、兖、滕等州的起义者两万余人同时举兵。金山东西路侯挚派完颜霆等领兵镇压。起义者千余人牺牲，夏全、石花五被招降。

第七章　蒙古再次南侵与金朝侵宋战争

金贞祐三年（1215年），蒙古军攻下金中都后，成吉思汗即返回大本营克鲁伦河畔的蒙古营帐，他将进攻的主要方向指向西方的蔑儿乞和乃蛮等部的残敌，以及西辽和西夏等国。金朝中原地区则委托给木华黎全权负责。由于蒙军主力离开，木华黎主要依靠金朝的降将统领女真和纠、汉诸军来进攻金朝。

金元光元年（1222年），木华黎率领蒙古军向陕西进军，发动了一系列战役。金朝军力遭到重挫。1224年，金宣宗病故，金哀宗完颜守绪继位。金哀宗采取了一系列新的措施，任用抗蒙有功将帅，集中兵力，抗蒙救亡。

第一节
蒙古南侵与太原陷落

一、关、陕之战

金贞祐四年（1216年），蒙古军在攻下中都后，派三木合拔都率领一支蒙军经西夏进军关、陕，向金朝汴京做试探性进攻。八月间，蒙、夏军合围延安。金元帅右都监兼陕西统军使乌古论庆寿驻防延安，击败西夏军。蒙古军进入鄜州、延州，又进攻坊州。面对蒙军的新一轮攻势，宣宗诏令签枢密院事永锡率军去陕州，他对永锡说："如果敌人强大，就谨守潼关，不要让他们东进。"同时，宣宗又把同州、华州旧屯陕西军及河南步骑九千余人划归永锡指挥，以厚实金军兵力。

但就在此时，金朝内部却因指挥权限而意见不一。尚书左丞相兼都元帅、行省陕西仆散端要求，潼关以西都是陕西地，请把

这些军队都归行省指挥。宣宗便又把这九千余军队不再划给永锡。永锡在渑池数日，徘徊不得进兵。十月，蒙军到潼关。尽管金军拼死抵御，潼关仍旧失守。陕州宣抚副使兼西安军节度使尼庞古蒲鲁虎兵败战死。金宣宗诏令罢免永锡并下狱。

蒙古军攻破潼关后向东进军至阌乡，直指汴京。金朝上下一片恐慌。右司谏兼侍御史许古上奏请求调集精锐部队，半路设伏邀击。术虎高琪不准。平阳行省尚书右丞胥鼎听说蒙军已越关，紧急上奏章说："臣已奉诏，先遣潞州元帅左监军臂兰阿鲁领军一万，孟州经略使徒单百家领兵五千由便道济河赶往关陕。臣将亲率平阳精兵直抵京师，与王师汇合。"蒙军过了陕州。胥鼎以河东南路、怀、孟各处军兵一万五千由河中入援，又遣遥授河中府判官仆散扫吾出领军赶往陕西，并力抵御，并檄告绛、解、吉、隰、孟州经略司合兵夹攻。宣宗诏令汴京准备防城器械，凿坎儿井，筑垣城，做防守的准备。

十一月，蒙军直趋汴京，距离汴京只有二十里。奉诏从山东调驻卢氏县的完颜仲元花帽军（地主武装）赶到嵩州、汝州，已落在蒙军的后面。蒙军统帅三木合拔都见金军有备，蒙军兵力又不多，于是率军退去。十二月，蒙军退至平阳攻掠，胥鼎派兵拒战。蒙军作战不利，只好退兵。

二、谋复中都

贞祐三年（1215年），蒙古军在河北、山东等地进行一番掳掠后退兵了。不久以后，各地州城又多被当地地主武装所收复。河北抗蒙义军领袖苗道润奋勇作战，他前后收复五十余城，功劳卓著。兴定元年（1217年），金宣宗加给苗道润中都留守兼经略使的职衔，命令他率军择机收复中都。四月间，宣宗又任命安化军节度使完颜寓行元帅府事，监督苗道润的武装行动。顺天军节度使李琛与苗道润不和，两军相互攻战。苗道润上奏金朝李琛谋叛，李琛也上奏苗道润谋叛。宣宗见两人失和，于是命令山东行省枢密院进行安抚，以平息二人矛盾。其后，苗道润又与中都经略副使贾瑀、贾仝（永定军节度使）二人不和。兴定二年（1218年），贾瑀诈称与苗道润约谈和好，暗中却伏兵刺杀苗道润。苗道润被杀，宣宗也不敢过问，苗道润一死，金朝恢复中都的计划也就破灭了。

三、太原、平阳失陷

兴定元年（1217年）八月，成吉思汗仿效汉官，封木华黎为太师、国王，授命木华黎率领蒙军弘吉剌等部和契丹、乣、汉等降军，攻掠中原。成吉思汗交代木华黎说，太行以北，我自己去经略，太行以南，由你去尽力吧！并把作为大汗象征的九斿大旗赐给木华黎，授以其发布号令的全权。从此，成吉思汗把蒙军主力转向西方，侵掠金朝的军事行动完全由木华黎指挥。

为了更有效地执行南侵方略，木华黎仿效金朝在燕、云建立行省，开始进军燕京以南的汉人地区。蒙军经过遂城开到蠡州。守将移剌铁哥闭城坚守，木华黎派派石抹也先率领原属张致的黑军攻破蠡州北城，大肆屠掠。十月，蒙军进攻中山府、新乐县、赵州、威州、邢州、磁州、洺州，各地金朝官员相继投降。木华黎部下攸兴哥率领先锋军攻下大名府。十一月，木华黎军进入山东，连续攻破滨州、棣州、博州、淄州等州。十二月，攻下益都。又攻下密州，金节度使完颜寓战死。另一部蒙军同时向河东进军。十一月，进至太原城下。知太原府事、权元帅左都监乌古论德升出兵与蒙军激战，蒙军退走。

兴定二年（1218年）夏，蒙军在应州集结。枢密院奏报，蒙古将分道南下，其意不在河北，而在陕西、河东，各路蕃汉兵应校阅备战。金宣宗急调平阳胥鼎移镇陕西。绛阳军节度使李革知平阳府事，代胥鼎为河东行省。八月间，木华黎率步、骑数万人，由太和岭攻入河东，攻掠代州、隰州、吉州、石州、岢岚州等州。九月，蒙军再次围攻太原。

蒙军重重包围太原府城，并攻破了壕垣。元帅左监军乌古论德升拒城死守，植栅拒敌，为了激励士气，他又将家中银币及马匹分赏给守城军兵。其后，蒙军从太原府西北角入城，乌古论德升又联车塞路拒战，三次打退蒙军。蒙军矢石如雨，金守兵无法抵挡。城破后德升回到府署，自缢而死。姑母及妻子也都自杀。

木华黎留攸兴哥镇守太原。蒙军继续攻掠汾州。汾阳军节度使兼经略使兀颜讹出虎战死。十月，蒙军攻掠绛、潞等州，向平阳进军。李革与权元帅左都监完颜从坦这时镇守平阳。太原失陷后从坦上奏金朝说，太原已破，就要危及平阳。河东郡县失守，都是由于驻屯兵少，援兵又不到的缘故。平阳是河东的根本，河南的藩篱，请合并怀州、孟州、卫州等处的兵力来充实潞州，沁水等地的兵力也要并山为营，以为声援。蒙军迅速包围平阳，这时城中驻军不满六千。但守城金军毫不畏惧，屡次出城主动进攻蒙军，但旬日之间就损失过半。而援军迟迟不到。蒙军逐渐逼近城北壕垣，提控郭用力战被擒，坚持不屈，被害牺牲。副将李怀德缒城投降。平阳城被蒙古军攻破。官员们请李革上马突围，李革说，我不能保此城，何面目见皇帝，你们走吧！李革和完颜从坦都自杀殉国。太原、平阳相继失守，河南藩篱尽失。

第二节
南侵南宋

一、谋划与出兵南宋

如何应对蒙古的进一步南侵威胁，以及又如何对待南宋，在金朝统治集团内部出现了两种不同的主张。权臣术虎高琪只想保住汴京，对蒙军日益加紧的进攻却置之不理，另一方面，术虎高琪又主张南侵软弱的宋朝，以扩大金朝的疆土。以胥鼎为代表的朝臣，则主张联宋抗蒙。

术虎高琪在宣宗朝操纵朝政。贞祐四年（1216年），由平章政事进为尚书右丞相。尚书左丞相高汝砺掌管财务。术虎高琪与高汝砺相唱和，排除异己，擅作威福，把精兵聚集在河南，力劝宣宗南伐，置河北于不顾。同年冬，王世安向金廷献计，侵宋盱眙、楚州。术虎高琪想夺取兵权，力劝宣宗南侵宋朝，以扩大疆土。兴定元年（1217年）四月，宣宗派元帅左都监乌古论庆寿、签枢密院事完颜塞不领兵侵宋。十月，右司谏许古上书劝谏宣宗与宋议和，他说，朝廷如果认为专用武力就可以使宋人屈服，这是不切实际的空话。如果宋人坚守不出，则我军无所得，并且还要回来就粮。如果宋军乘机袭击我军，我军欲战不得，欲退又不能，则永无休兵之期。况且宋有江南的积蓄，我只有河南一路征敛的祸害，也使人寒心。应该尽快与宋议和，蒙古知道也会有所收敛。高汝砺反驳道，议和倡议不应该先由我朝发出，这是向南宋示弱。参知政事张行信反驳道认为，遣使议和并没有什么失体的地方。现在正值国家多难，征兵期限越来越长，不考虑休战，人民怎么能负担得起呢！

宣宗采纳了议和的建议。他命许古起草议和牒书。宰臣以书中有"哀祈之意"，是"自示微弱"，因而被搁置。集贤院谘议官吕鉴上书请在境上屯重兵议和。术虎高琪说他"狂妄无稽"。平章政事胥鼎反对出兵，他上书提出"六不可"：往年国泰安康时曾经南伐，那时太平日久，百姓富庶且军强马壮，正所谓是万全之举，然而最后还是讲和休兵。大安之后，北兵大举南下，多年来天下骚然，军马气势仅及过去十分之一，器械也多损缺，且民间差役繁重、疲惫不堪，这个时候还要兴兵，就必然远近动摇。结果必将是未伤敌而自己先受害。这是一不可。现在西夏、蒙古之所以没有入境，是去年北还后还在修整阶段。或者是因为别部相攻，没有闲暇顾及我。如果这时听说王师南伐，乘机进犯我境，朝廷就要三面受敌，收尾不相救。这是二不可。宋朝十年来练兵修垒、积极备战。现在车驾迁汴，他们必定严加防备。如果再实行坚壁清野政策，我军进无所得而毫无益处，这是三不可。现在我军构成，基本都是山西、河北破产的农户，或者是招还的逃军，大抵都是乌合之众，没有经过军事训练，这时骤然出兵作战，且深入敌境，进不得食而退无所掠，必然要逃跑啸聚，这是四不可。随军运输粮饷，不是民力所能办到。沿边民户赋役繁重，他们非常疲惫，失业流亡到河南的，衣食都不能自给。如果宋人招诱作为向导，我们内有叛民，外有劲敌。这是五不可。现是春耕时节，进兵不还必违农时，关系国家大计不只是战场的利害，这是六不可。术虎高琪根本不听，他表示大军已进，无复可议。金军自秦州、巩州、凤翔三路，分道南侵。

兴定元年（1217年）四月，金军开始进攻襄阳，宋将赵方、李珏积极组织防御。五月，宋宁宗下诏：允许地方将领便宜抗敌。十二月，完颜赟领兵万人攻打四川，败宋守军。兴定二年（1218年）二月，金军击败宋安丙军并焚大散关。三月，宋利州统制王逸率领抗金民兵十万夺回大散关完颜赟战死。四月，金军再次调集军力攻打大散关，连破诸州，抢掠粮九万斛，钱数千万。另一路金军由完颜赛不率领围攻随州、枣阳，激战三月后战败而走。

二、中原义军反金

金军侵宋以后，金朝境内的红袄军纷纷投宋抗金。兴定二年（1218年）正月，李全率部投宋后，宋朝加给李全京东路总管的职衔。九月间，李全率部攻破金密州、寿光县。十月，又攻破邹平、临朐、安丘等县。石珪、夏全、时青、陈孝忠、季先等相继投宋抗金，给予金朝以极大的威胁。十二月，金宣宗派开封府治中吕子羽联络，试探与宋议和。吕子羽行至淮河，被宋朝拒绝入境。宣宗于是下诏，命左副元帅枢密副使仆散安贞辅佐太子守绪进一步大举南侵。

兴定三年（1219年）初，金军连破成州、凤州和兴元府后又破洋州，遭到宋都统张威军的邀击。完颜讹可率领的另一路，再次围攻枣阳。宋赵方部三万人出兵攻打唐、邓二州、左副元帅仆散安贞亲自率领金军围攻宋安丰军及滁州、濠州、光州三州、先锋抵达采石扬林渡，震动建康。投宋的抗金民兵分道出击，陈孝忠部进攻滁州；石珪、夏全、时青进攻濠州；季先、杨德光等援助滁、濠二州；李全、李福兄弟截击金兵归路，金兵败退。

七月，完颜讹可部再围枣阳，攻城八十多天。宋军部出击大败金军。完颜讹可单骑败走。宋兵乘胜攻入邓州而还。汉族人民数万人又南投宋朝。

金兵在江淮战败后，宋兵乘势反击，十二月，李全率军渡淮河偷袭泗州，见金兵有备后撤军。宋京湖制置使赵方出兵六万，分道反攻唐州、邓州，金兵拒战后宋军退师。

三、金廷内部倾轧

术虎高琪专权日久，为女真贵族所仇恨。宣宗侵宋累年不得成功，术虎高琪向南方扩大疆土的图谋遭到失败。术虎高琪在女真贵族朝臣中更加孤立。宣宗也早已在盘算除掉高琪。贞祐三年（1215年），监察御史完颜素兰曾向宣宗密奏，高琪既无勋劳，也无公望，以前是因怕死而杀胡沙虎，他一旦得志就嫉贤妒能，树立奸党并窃弄国权，自作威福。在臣看来，此贼变乱纲纪，残害忠良，实有乱国篡位之心。以前东海候（卫王允济）时，胡沙虎跋扈无上，天下人都知道而不敢言。东海候终于被他所害。现在高琪之奸远过胡沙虎，内外臣民见他恣意妄为，无不扼腕切齿而想杀他。陛下为什么不尽快不除掉他呢？宣宗点头称是。平章政事、英王守纯（宣宗第二子）密谋除掉高琪，但因密谋泄露而不敢发动。兴定三年（1219年）十一月，术虎高琪指使家奴赛不杀高琪妻，然后归罪赛不，送开封府杀赛不灭口。此事败露后，宣宗乘机逮捕高琪下狱。十二月，金廷斩术虎高琪。

兴定五年（1221年）正月，宋将时青率部攻破金泗州西城，金军提控王禄被杀。宣宗诏令各道兵汇集蔡州，准备再次南侵。

金军仆散安贞部出兵息州。二月，金泗州行元帅府事纥石烈牙吾塔率军反攻泗州，时青中箭败走。金兵收复泗州西城。三月，纥石烈牙吾塔西掠定远而回。

四月，金军仆散安贞部进军宋蕲州、黄州，杀掠而回。俘虏宋宗室和臣民70余口并献于汴京。但是，此举却反遭杀身之祸。仆散安贞作为驸马都尉（妻邢国长公主），父、祖三世为金朝大将。宣宗朝时，先后领兵镇压杨安儿等红袄军。仆散安贞在侵宋战争中不杀宋俘虏，用来做向导，又把宋宗室俘回献给朝廷。尚书省即以此为借口，奏报仆散安贞谋反。宣宗对守纯说："朕观此奏，多是饰词，还需要复按。"示意守纯铸成罪状。宣宗下诏指责仆散安贞："独于宋族，曲活全门。示其悖德于仇敌，豫冀全身而纳用。"仆散安贞因此被处死，二个儿子也同时被杀。女真贵族在生死存亡之际，依然相互倾轧诛杀，殊不知，亡国灭种之祸即在眼前。

第三节
河北、山东地区地主武装的叛附

兴定元年（1217年）以来，成吉思汗把主要兵力转向西辽、西夏，金宣宗把金兵主力转向南侵宋朝，山东、河北成为地主武装活动的场所。木华黎大批任用金朝叛将和地主武装大肆攻掠金朝，金宣宗也大批招纳地主武装并对他们封官加爵，利用他们抵抗蒙古南侵。投宋抗金的红袄军由于宋朝的压迫，也在蒙古和金、宋之间，或降或叛。在蒙古西侵，金朝南侵的同时，山东、河北地区也在展开错综而频繁的战争。

一、招纳地主武装

兴定三年（1219年）正月，金宣宗召集百官商议对策。翰林学士承旨徒单镐等人说，"制兵有三策，一是战，二是和，三是守"，现在要战而兵力不足，要和而敌人不准，只有守。但河朔州郡已经残破不堪，因此不能一律都守。应将愿意迁徙的人迁到河南、陕西。不愿迁徙的，允许自推首领，保聚险阻以抗蒙求存。刑部侍郎奥屯胡撒合等人则认为，河北诸部应该推选有才干的和为众所信服的人，率领民众迁徙到河南或晋安，河中地区则授以旷土，尽力耕种并教以作战，这样可以渐图恢复。宣徽使移剌光祖等则指出，太原虽暂失，还可以收复。应当招募当地土人（大地主）有威望的，给以一方之权。能收复一道，就做本道总管。能守州郡，就做本地长官。使他们各保一方，令百姓复业。宣宗和朝臣都赞成移剌光祖的建议，招纳各地地主武装去收复或保聚河北州郡。

河北一带势力最大的地主武装，是占据真定的威州人武仙。早在金贞祐二年（1214年），蒙古军侵掠河北时，武仙即聚保威州西山。宣宗诏授武仙权威州刺史。兴定元年（1217年），真定石海叛金。武仙领兵斩杀石海并占据真定。宣宗因此又授武仙权知真定府事。

易州定兴的地主武装张柔和苗道润是莫逆之交。他被苗道润委任为定兴令。兴定二年（1218年），苗道润图谋收复中都，但因内部斗争被贾瑀杀死。张柔在易州军市川誓师，声言为苗道润复仇。金朝又加授张柔为中都留守兼大兴府尹。蒙军出紫荆关，张柔在狼牙岭兵败后投降蒙古。蒙古仍任命张柔任旧职领兵攻金。张柔先后攻下雄州、易州、安州、保州。在孔山击败贾瑀，杀贾瑀祭奠苗道润。贾瑀部众都归附张柔。张柔军占据满城。武仙领兵来攻，但被张柔击败。张柔进而攻下完州。不久率军围中山府，武仙派兵解围失败。

兴定三年（1219年）秋，木华黎统率蒙军再次攻掠山西。八月，攻下武州，金军事判官郭秀战死。九月，蒙古军攻掠东胜州，金东胜州节度使伯德窊哥招募义军坚守。城中粮尽后伯德窊哥率众突围，退至长宁寨又被围，伯德窊哥战死。宣宗派行省胥鼎领兵赴河中，又采纳蒙古纲的建议，对各地抗蒙义军设置都统、副都统。十一月，地主武装张开、郭文振合兵收复太原。

兴定四年（1220年）初，金朝宰臣因移剌光祖和石抹穆之商议对各地的地主武装封公设府之事。御史中丞完颜伯嘉认为，宋人以虚名招降李全，遂有山东实地。只要他们能统众守土，虽封三公又有什么可惜？宣宗说却认为，他日事定，公府不是太多了吗？完颜伯嘉表示如能事定，以三公就节度使，有何不可？二月，宣宗采纳朝臣的对策，对山东、河北、山西等地势力较大的地主武装首领王福等九人，封为九公，分别统辖山东、河北和山西地区。

河北地主武装王福曾经收复沧州，兴定三年（1219年）九月，宣宗任命王福为沧州节度使，又升任为权元帅右都监。兴定四年（1220年），他被封为沧海公。控制清、沧、观州、盐山、无棣、乐陵、东光、宁津、吴桥、将陵、阜城、蓨县等地。

契丹人移剌众家奴以抗蒙积战功，累任河间路招抚使和开州刺史，权元帅右都监并被赐姓完颜氏，他被封为河间公，控制献州、蠡州、安州、深州、河间、肃宁、安平、武强、饶阳、刘家庄、郎山寨等地。

武仙原来已升任知真定府事，兼经略使，权元帅右都监，又被封为恒山公，管领中山、真定府、沃州、冀州、威州、镇宁、平定州、抱犊寨、栾城、南宫县等地。

河北人张甫曾经投降蒙古，后来被金涿州刺史李瘸驴招降。兴定二年（1218年），苗道润死后，靖安民代领其部众。李瘸驴为中都东路经略使。其后，张甫与贾全相互攻击。张甫夺取贾领地，并将贾全的战马赠送给李瘸驴。贾全败死后，其部众均归张甫。李瘸驴后来降蒙古，张甫升任为中都东路经略使。兴定四年（1220年），金廷封张甫为高阳公，受领雄州、莫州、霸州、高阳、信安、文安、大城、保定、静海、宝坻、武清、安次县等地。

靖安民起初是苗道润的部下，苗道润死后，靖安民代领其部众。兴定三年（1219年），任中都西路经略使，统领易州以西地区。兴定四年（1220年），又权元帅左监军，行中都西路元帅府事，被金廷封为易水公。管领涿州、易州、安肃、保州、军氏川、季鹿、三保河、北江、矾山寨、清白口、朝天寨、水谷、懂谷、东安寨等地。

辽州刺史太原人郭文振，曾受命配合苗道润收复中都，郭文

振招降太原东山二百余村，迁老幼于山寨，共得壮士七千人。兴定三年（1219年）十月，郭文贵与潞州招抚使张开合兵收复太原。兴定四年（1220年），他受封为晋阳公，管领河东北路。

管州人胡天作以乡兵守御本州，受任为管州刺史。兴定三年（1219年），收复平阳府，受任充便宜招抚使，兴定四年（1220年），他受封为平阳公，受领平阳府、晋安府、隰州、吉州。

宣宗初年，景州张开在蒙古兵攻掠河北时结集地方武装固守，贞祐四年（1216年），他领兵收复清州。兴定三年（1219年），张开充任潞州招抚使，与郭文贵合兵收复太原。兴定四年（1220年），被封为上党公，管领泽州、潞州、沁州。

莒州提控燕宁与益都田琢、东平蒙古纲，曾共同镇压沂州红袄军王公喜军，并占领沂州，其后，他进一步招降红袄军叛徒胡七、胡八等人，再次被任为山东安抚副使。兴定四年（1220年），受封为东莒公，管领益都府路。

宣宗加封的九公都兼宣抚使，并赐号"宣力忠臣"。九公总领本路兵马，并有权署置官吏并征收赋税，赏罚号令可以便宜行事，实际上成为割据一方的公侯，当时号称"封建"。

兴定四年（1220年）三月，宣宗又派签枢密院事完颜赛不出兵河北招降。河北各地的主武装坚守堡寨力战破敌者甚多。完颜赛不上书说：这类人忠赤可嘉，如不旌表酬赏，无以激励人心，请朝廷量加官赏，万一敌军再来，将会争先效力。宣宗看到奏章后，下令对义军给予封赏。赛不先后招降晋安府事皇甫珪、正平县令席永坚等五千人，共得粮万石，四月，完颜赛不升任枢密副使。

金宣宗企图用"封建"和赏官的办法，利用地主武装抵御蒙军的进攻。木华黎统率的蒙古军也越来越着重于招降和利用金朝的叛将和地主武装，进而扩大对金朝统治区的占领。木华黎军中原来已有石天应和史天倪、史天泽的汉军、石抹明安的乣军、石抹也先的黑军（也先死亡，由子查剌统领），形成侵掠金朝的骨干力量，其后又利用陆续收降的藁城地主董俊去攻打真定，石抹孛迭儿攻掠固安，攸兴哥攻掠太原，李守忠攻掠平阳，田雄（金北京降将）攻掠隰州、吉州，石抹特末儿攻掠岢岚。在金、蒙作战中，附金和降蒙的地主武装，越来越起到决定性的作用。

二、地主武装的战降

兴定三年（1219年），藁城董俊夜入真定并逐走武仙。兴定四年（1220年）春，武仙率军收复真定城。五月，武仙派军进逼曲阳，败董俊与黄山下，木华黎自中都发兵攻武仙，武仙退守真定。八月，木华黎至满城，派遣史天祥攻打真定城。史天祥往见武仙说降。于是武仙率部投降蒙古。九月，木华黎驻军真定，以史天倪为河北西路兵马都元帅，武仙为副。宣宗封建九府中，武仙的恒山公府，财力最富、兵力最强。武仙叛金降蒙使得金朝遭

到沉重的打击。

木华黎率军从大名赶到林州,兵锋直指济南。据守济南的是长清地主严实的武装,严实曾被东平行台蒙古纲任命为百户,后来因镇压了泰安张汝楫的红袄军,被升为长清令。金朝南侵南宋后,严实归附南宋。太行以东,都受严实节制,统领彰德、大名、磁州、洺州、恩州、博州、滑州、浚州。

木华黎军至济南,严实以所领三十万人马叛宋降蒙。金黄陵岗经略使乌古论石虎遣步兵两万袭济南。木华黎指挥蒙、汉军进逼黄陵岗。金兵大败,溺河者无数。宣宗震怒,斩乌古论石虎。

严实降蒙后,领兵攻占楚丘和曹州、濮州、单州。木华黎、史天祥军围东平。东平行省蒙古纲与东莒公燕宁军坚守城池。木华黎久攻不能下。兴定五年(1221年)初,蒙古军解围而去。燕宁自东平退到天圣寨,遇蒙古军后力战而死。燕宁战死后,蒙古纲率所部女真、契丹、汉军势孤力弱,被迫放弃东平,移军邳州。严实军进驻东平。

兴定四年(1220年)七月,河北地区降宋的益都张林军攻打沧州,沧海公王福投降张林。十月,靖安民出兵至矶山,收复檐车寨并驻兵防守。蒙军围山寨,守寨提控马豹等劫靖安民妻子出降。靖安民及经历官郝瑞等拒不投降,被部下杀死。

投宋抗金的红袄军等义兵,也在作战中不断分化,转战山东、河北地区。兴定五年(1221年),宋江淮制置使贾涉阴谋消灭抗金投宋的红袄军，企图利用李全军消灭涟水军石珪。不久，石珪投降蒙古，木华黎任命石珪为济、衮、单三州都总管。

宋京东安抚使益都张林也投降蒙古，被任为行山东东路益都府、沧州、景州、滨州、棣州都元帅府事。彭义斌战败李全，收李全军并进攻京东州县，统军数十万，实力雄厚。严实部将晁海在济南青崖降彭义斌。彭义斌率军西下，郡县闻风而降。正大二年（1225年），彭义斌军围攻东平。严实被围后困守城中，最后被迫与彭义斌谈和。七月，彭义斌暗中与武仙联合攻下真定。李全向宋朝诬告彭义斌叛变，宋朝不敢向彭义斌行赏。严实奔赴蒙古孛里海军反攻彭义斌。彭义斌提军北上，与蒙军战于内黄五马山，后兵败被擒，他拒不降蒙，大骂而死。正大元年（1224年）秋七月，降蒙的石珪领兵攻曹州。金守将郑从宜奋战得胜，擒石珪送至汴京处死。

第四节
陕西、山西的抗蒙战争

一、延、鄜之战

兴定五年（1221年）秋，木华黎统率蒙军又经丰州向陕西进军。十月，由云中攻破葭州，葭州是金朝和西夏接壤的冲要。木华黎命石天应领兵五千留葭州并造舟建浮桥驻守。蒙军分兵四出，不久就攻破绥德州。十一月，蒙古、西夏军联军进攻延安。金知延安府事完颜合达夜袭西夏兵营，金军追杀四十里。木华黎在延安三十里外驻营，完颜合达出兵三万列阵城东。蒙军佯败诱金军进击，在山谷间设伏兵出击。金军大败，完颜合达退入延安城坚守。

久攻延安不下，木华黎领军南下攻掠。十二月，攻破鄜州。金同知河中府事、权元帅右都监蒲察娄室战死。保大军节度使完颜六斤战败后投崖自杀。鄜州行元帅府事纥石烈鹤寿突围出城，被蒙古兵追上，纥石烈鹤寿据土山力战而死。部下将官张铁枪被蒙古俘获。木华黎向他劝降，张铁枪坚持不屈道"今天事已至此，我只有一死"，被杀牺牲。

木华黎率领的蒙古军至丹州西行，再次攻破隰州，金经略使轩成战死。木华黎任田雄为隰州、吉州刺史镇守。

二、太原、桢州之战

元光元年（1222年）春，驻东平的严实与蒙古军合兵攻掠泽州、潞州。金上党公张开遣部下李松守潞州，李松突围而逃，公府吏阎载之以州城降蒙。完颜合达分兵两万与平阳胡天作、上党张开、晋阳郭文振三公府兵合力守御河东。七月，张开领兵收复泽州。

八月，木华黎率领蒙郡回云中，再攻太原府。太原人赵益曾在郭文振指挥下率领地主武装收复太原城，受任为同知太原府事兼招抚使。蒙古兵围攻太原，赵益兵不能敌，他烧毁府库，杀掉妻子后自杀殉职。太原再度失陷。

蒙军兵至孟州。孟州太守地主武装首领刘某率部民降蒙。蒙军进逼平阳青龙堡，胡天作领兵驻守，平阳形势危急。十月，宣宗诏令权左都监古里甲石伦与上党张开、晋阳郭文振合兵救援平阳，但中途因蒙军半路截击而不能前进。知平阳府事术虎忽失来

挟持胡天作投降蒙古。宣宗诏令张开、郭文振采取行动救胡天作返回金朝。胡天作行至济源，准备逃走被蒙军发觉杀死。

金桢州刺史女奚烈斡出把州民迁徙到金胜堡抵抗。蒙军到来，地主武装花帽军坚守抗蒙。女奚烈斡出与蒙军作战，身中流矢后负伤卧床。花帽军提控张某说，兵势不可挡，应该赶快投降。女奚烈斡出说，我们坐食官禄，可以忘记国家吗？我辈只当力战而死。夜间，张某执兵杖闯入，威胁斡出投降。斡出坚决反驳说，你要怎样干由你，我宁死不能屈服。张某杀斡出，率军投降蒙古。桢州军事判官王谨率领部分州民，驻屯周安堡坚持抵抗，与蒙军激战十余日，兵败被俘后不屈牺牲。青龙堡和金胜堡被蒙古军攻破后，花帽军五千人被木华黎、石天祥招降。

三、河中府之战

元光元年（1222年）十月，木华黎经绛州攻破荣洲，汾水以东堡邑相继降蒙。木华黎在汾水东召见石天应，二人策划南侵。石天应回到葭州与诸将计议，说河中北接汾、晋，西连同、华、地五千余里，户数十万，占据河中，就可定关内，定关内就可进取河南。九月，石天应自葭州进军河中，围攻河中府城。

金朝新任的河中府判官、权河东南路安抚副使侯小叔以家财犒赏将士，并立死守。提控吴德劝侯小叔出降，侯小叔立即将其斩首。侯小叔表兄张先说："大兵势重，出降可以保妻子。"侯小叔大怒说，我是个船夫，现在到达这样地步，怎么能说出降！把张先捆绑在柱上处死。石天应攻城不下，河中围解。十二月，宣宗诏令侯小叔权元帅右都监，便宜从事。

金枢密院派遣都监完颜讹论到河中与侯小叔议兵事，侯小叔出城会见完颜讹论。石天应乘机攻城，占领河中府。木华黎以石天应权河东南北路陕右关西行台，驻守河中。平阳李守忠、太原攸兴哥、隰州田雄都受石天应节制。河中城破，侯小叔领兵退驻中条山乐李山寨，汇集兵众十余万人反攻。

元光二年（1223）正月，蒙军主力西去，河中城中守备空虚，金兵乘势四面围攻。蒙军大乱，石天应败死。木华黎领军侵宋以来，金朝叛将石天应一直是蒙军中的重要将领。侯小叔军收复河中，斩石天应，对蒙军是一个沉重的打击，是金军抗蒙战争的一个重大胜利。宣宗加封侯小叔为昭毅大将军，遥授孟州防御使，同知河中府事。

蒙古军遭此惨败，发骑兵十万，再围河中。金总帅完颜讹可派遣提控孙昌领兵五千，枢密副使完颜赛不遣李仁智领兵三千，救援河中。侯小叔与孙昌、李仁智等约定日期，夜中鸣钲为号内外夹攻。侯小叔如期出兵，孙昌、李仁智临阵不敢动。侯小叔兵败入城。蒙古兵加紧围攻，侯小叔密遣使者突围到汴京告急。河中府城被蒙古军攻破，侯小叔英勇战死。

四、凤翔之战

元光元年（1222年）冬，在石天应攻掠河中的同时，木华黎统率蒙军经蒲城直趋京兆。原延安知府完颜合达行省于京兆，领兵二十万固守。木华黎见蒙军进攻不利，留兵六千屯驻，派蒙古不花率领先锋军去围攻凤翔，计划攻下凤翔后再取京兆。

元光元年（1222年），原花帽军首领完颜仲元（郭钟元）调知凤翔府事，统率军兵。兵马都总管判官马庆祥（汪古人）为副，受京兆行省完颜合达指挥。十一月，蒙古不花军将攻凤翔，行省令马庆祥与治中胥谦，分道清野。马庆祥出兵前，命画工为他画像付给家人，决心死战。马庆祥在浍河与蒙古先锋军相遇，作战不利，且行且战，将及城，遭蒙古军邀截归路。金军被围。马庆祥对部下说，我们受国厚恩，竭力效死，乃是本分。全军拼死力战，弓矢用尽。蒙古军围数重，迫使投降。马庆祥不屈而死，胥谦也力战不屈牺牲。

木华黎亲率大军数十万围攻凤翔，数百里间，遍设营栅。金朝廷以完颜仲元兵力不足守御，派左监军赤盏合喜来援。完颜仲元让赤盏合喜总兵事，自己身先士卒。合喜大力坚守。同知临洮府事颜盏虾奋力作战，多有战功。木华黎围攻月余不下，哀叹说，"我奉命专征，不数年，取辽西、辽东、山东、河北，不劳余力。

前攻天平、延安，今攻凤翔"都不能攻下，岂是我命将尽么？元光二年（1223年）二月，木华黎领兵退走，三月，木华黎在闻喜县病死。

延安、凤翔保卫战挫败木华黎军，取得胜利，意义是重大的。宣宗把凤翔战功，通报各地，并褒奖完颜合达，完颜仲元升为元帅右监军，赤盏合喜升左监军。

蒙古军退后，宣宗随即任命完颜伯嘉行尚书省与河中，率领陕西精锐与平阳公史咏（胡天作死后，袭封）合兵收复河东。四月，收复霍州汾西县。五月，完颜合达收复河中府。史咏收复霍州及洪洞县。金朝抗蒙作战又出现了转机。

这时，金、宋战争仍在边地进行。八月，邳州从宜经略使纳合六哥，杀行尚书省蒙古纲。宣宗命牙吾塔率领侵宋的行枢密院兵进讨。九月，破邳州南城。十一月，斩纳合六哥，收复了邳州。

第八章

抗蒙斗争的发展和金兵的败溃

第一节
金哀宗即位，并力抗蒙

元光二年（1223）十二月，宣宗病危，诏令太子守绪（宣宗王后的儿子）即位。这时，平章政事、英王守纯（庞妃的儿子）抢先进宫。太子守绪随后赶到，完颜守绪急忙派遣枢密院官员和东宫亲卫军三万守卫在东华门街，又命护卫四人在近侍居监视完颜守纯。然后完颜守绪奉遗诏即帝位（哀宗），改年号正大。

哀宗守绪原名守礼，排行第三，承安三年（1198年）八月生，曾任枢密使，立为皇太子后，仍控制枢密院事。哀宗即位，正当金朝濒临灭亡，而人民抗蒙斗争又有所发展的年代。金哀宗采取了一系列新措施，他任用抗蒙有功将帅，又集中兵力抗蒙救亡。在极其艰难的情况下，在汴京支撑了九年。

一、任用抗蒙将相和结好宋、夏

哀宗即位后,正大元年(1224年)正月,罢免守纯平章政事的相位。三月,丞相高汝砺病死。哀宗首先起用一批抗蒙有功的将帅掌控军政,任命赤盏合喜权枢密副使,枢密副使完颜赛不为平章政事,权参知政事石盏尉忻为尚书右丞,再次启用已经致仕的官员张行信为尚书左丞。正大二年(1225年)四月,又起用已致仕的胥鼎为平章政事、行省于卫州。太常卿李蹊权参知政事。哀宗又下诏为抗蒙死难的将佐十三人建立褒奖庙,以激励将士。

其后,哀宗果断处置了一批民愤极大的恶吏。蒲察合住在宣宗时权吏部侍郎,声势滔天、残酷苛刻、臭名远播。朝臣都知道他的奸恶,但摄于其强势,都不敢说话。哀宗即位,贬蒲察合住为恒州刺史,贬左司员外郎尼庞古华山同知桢州军州事。正大元年(1224年)十二月,金廷处死蒲察合住,"逐二奸臣,士大夫相贺"。

正大二年(1225年),已经降蒙的恒山公武仙在真定杀掉蒙军将领史天倪,率军重新归附金朝。一时间,河北降蒙州县又纷纷叛蒙降金。而哀宗即位后,正赶上木华黎病死,成吉思汗尚未结束在西域的战事,金朝北方军事压力骤减终于有了难得的喘息时间。于是，哀宗即位后，利用有利时机，改变对外战略，迅速停止侵宋战争。

正大元年（1224年）六月，哀宗派遣枢密判官移剌蒲阿领兵到光州，四处张榜，告谕宋界军民，金朝"更不南伐"。正大二年（1225年），又下诏禁止宿州、泗州、青口等地巡边的官兵擅杀过淮的红袄军。

在蒙古侵掠金、夏的过程中，西夏和金朝不断在边境地带发生小规模的战事。成吉思汗北返后，集中兵力西向，西夏遭到蒙古的侵掠，处在灭亡的威胁之中。哀宗也对西夏改变战略，遣使求和。正大二年（1225年）九月，金、夏和议：夏对金称弟，不称臣，不用金朝年号。哀宗对谏官完颜素兰、陈规等说，夏人从来臣属我朝，现在称弟和好。果能和好，使人民安定，还要对他们用兵吗？金哀宗对宋、夏和好，得以集中力量进行抗蒙斗争。

二、收复山西失地与山东、淮北地区的斗争

为了进一步稳定中原形势，控制蒙军南下的通道。正大三年（1226年）秋，哀宗派遣权枢密副使移剌蒲阿进兵山西。八月，移剌蒲阿率金军收复曲沃，进而收复绛州（晋安），正大五年（1228年）初，纥石烈牙吾塔领兵收复平阳，俘李守忠。五月，武仙领兵收复太原，蒙古大将攸兴哥（攸哈剌拔都）败死。金朝出兵山

西,一年之间,连续收复平阳、太原等重镇,蒙古丧失守将多人。金廷在军事上取得重大胜利。

正大四年(1227年)初,李全自楚州北上攻山东,不久占据清州益都,擒降蒙的红袄军首领张林。蒙古郡王带孙领兵围攻李全。宋朝任命刘琸知楚州,投宋的红袄军首领夏全起兵反刘琸,刘琸逃跑。夏全进兵盱眙,十一月,夏全领兵投降金朝。楚州的王义深、张惠、范成进等也相继降金。哀宗封四人为郡王。张甫叛金投附李全,与刘庆福谋杀李福不成被杀。李全妻杨妙真据楚州。哀宗遣总帅完颜讹可等率兵进攻,失败而回。

济南地主武装张荣逐渐扩充势力,据有章丘、邹平、济阳等地。正大四年(1227年),他领兵降蒙。李全在青州被围攻一年,大小百战,伤亡惨重,城中军民仅余数千人。正大五年(1228年)四月,李全投降蒙古。蒙古军帅孛鲁(木华黎子,权国王)以李全为山东、淮南、楚州行省。蒙古兵乘胜攻下登州、莱州、胶州、淄州、滕州等三十余城。山东地区都为蒙古所占有。

三、成吉思汗灭夏侵陕

正大四年(1227年),成吉思汗亲率蒙古大军企图一举灭亡西夏。十一月,蒙军围攻西夏兴中府。金哀宗急召陕西行省及陕州总帅完颜讹可、灵宝总帅纥石烈牙吾塔等到汴京商议军事。接着又下诏给陕西两行省,边地有警,如不早图就要受害。一旦事势不同，可以随机应变、如再逐级奏报恐失事机，可由行省从宜规划。

正大五年（1228年）四月，成吉思汗到达隆德，企图侵占金德顺州作为驻地。金朝在德顺州没有驻军，形势危急。德顺州节度使爱申请凤翔人马肩龙来州共同组织防御。当时州城中只有地主武装"义军"和乡军八九千人。金军力战一百二十昼夜。城破，爱申自杀，马肩龙战死。

五月，蒙古军进攻临洮府，金临洮府总管陀满胡土门战败被俘后拒绝蒙军诱降，见蒙古军帅不跪拜，蒙军用刀砍胡土门膝胫。而胡土门始终不屈，后被杀死难。

金哀宗紧急召集朝官，商议对策。陕西行省奏上三策，上策是哀宗亲自将兵出战。中策是哀宗去陕州，下策是弃陕西，保潼关、朝官集议，以为只可助陕西军决战，如陕西不守，河南也不可保。六月，西夏帝睍降蒙，西夏灭亡。金哀宗遣使去蒙古军中求和。

蒙古军攻破西夏，长驱入陕，千里之间，汹汹不安。蒙军拒绝金朝的求和，经清水县进攻凤翔，兵锋直指京兆，关中大震，七月，金哀宗在汴京签民为军，劝百姓入城迁避。屯驻在泾州、邠州、陇州间的金节度使杨沃衍（唐括迪剌部人），原为北边屯田小吏，抗蒙作战有功升任节度使，他立志以身许国，说："为人不死于王事而死于家，不算大丈夫。"蒙古兵东

下，杨沃衍与部将刘兴哥（凤翔虢县人，出身起义农民），在邠州、陇州之间，往来作战，抵御蒙古，屡战屡胜，蒙古军不能前进。

正当汴京面临成吉思汗大军的严重威胁时，七月，成吉思汗于七月在清水县军中病死。八月，哀宗令撤去汴京城防丁壮和修城民夫，并暂停非急需的军需差发，汴京渡过了危机。

成吉思汗死后由幼子拖雷监国。正大六年（1229年）年，蒙军在陕西断绝庆阳粮道，进入大昌原。大昌原金军统帅完颜合达激励军中诸将，完颜陈和尚应命而出。陈和尚领骑兵四百破蒙古军八千之众，获得重大胜利。哀宗手诏褒奖，授陈和尚定远大将军、平凉府判官。大昌原的全胜，为金朝多年所未有，捷报传来，满朝振奋。

完颜陈和尚，名彝，丰州人。父亲乞哥曾为同知阶州军事。章宗泰和侵宋时乞哥战死。宣宗时蒙古侵金，陈和尚被俘后杀蒙古监卒，渡河逃回金朝。兄斜烈任行寿泗元帅府事，陈和尚充任宣差提控。正大三年（1226年），陈和尚因处理军中官吏相殴事被诉入狱。正大五年（1228年），陈和尚担任为忠孝军提控。忠孝军是在蒙古侵掠中投附金朝的各族军队，包括维吾尔、乃蛮、羌、浑及中原被俘逃来的汉人。忠孝军勇于作战，但难于统制。陈和尚统帅有方且治军严明，军队过处秋毫不犯，街市间不再喧杂。作战则充当先锋，疾如风雨。大昌原之战，陈和尚声名大振，忠孝军日益成为金朝抗蒙战争中的一支劲旅。正大七年（1230年）年，枢密副使移剌蒲阿率陈和尚忠孝军驻邠州，防御北边。

第二节

窝阔台侵金

金正大六年（1229年）八月，蒙古在克鲁伦河边举行贵族大会（库里尔台），成吉思汗第三子窝阔台继承汗位。窝阔台统率蒙古军主力，发动了对金朝的总攻。

一、庆阳之战

金正大六年（1229年）冬十月，蒙军进驻庆阳界。眼见蒙军即将南下，金哀宗诏令陕西行省遣使奉羊、酒、币帛去蒙军求和，作缓兵之计，以争取时间部署作战。与此同时，蒙古也派使臣斡骨栾到陕西行省来招降。哀宗秘密派枢密院判官白花去邠州，诏令移剌蒲阿率军开春就赶往庆阳，十二月，哀宗又诏令移剌蒲阿与总帅纥石烈牙吾塔、权签枢密院事完颜讹可等率军救援庆阳。正大七年（1230年）正月，金军与蒙古军再战于大昌原，蒙古朵忽鲁军战败退走。庆阳解围。移剌蒲阿遣还蒙古使臣斡骨栾，豪迈地说，我已准备好军马，不服的话，可来再战！

二、卫州之战

蒙古在庆阳战败后，斡骨栾也回到蒙古向窝阔台汇报。窝阔台听后大怒，初登大位，就被金军折辱，实在有损大汗的威名。他决意亲自领兵南侵。正大七年（1230年）七月，窝阔台与弟弟拖雷、侄子蒙哥统率大军，进攻金朝的山西等地。蒙古军攻下天成堡，经西京，至应州，与金军在雁门关等地激战，先后攻破代州和石州。

武仙重新归附金朝后，于金正大五年（1228年）置府卫州。正大七年（1230年）年九月，武仙率军围攻潞州的蒙古军、窝阔台命塔思率军前往救援。武仙退保潞州东原上。金将移剌率军领兵夜袭蒙古军，塔思战败，蒙古辎重、人口都被金军俘获。武仙还军后攻占潞州。十月，窝阔台再遣万户燕只吉台与塔思等率军攻打潞州。武仙遁走，退守卫州。蒙古真定万户史天泽等率领河北蒙、汉军围攻卫州，完颜合达等先遣完颜陈和尚忠孝军及亲卫军等三千人作先锋出击，蒙古兵败退，卫州解围成功。

卫州解围后，哀宗亲自登城门劳军。以移剌蒲阿权参知政事，与完颜合达行省于阌乡，领兵防守潼关。调武仙领兵去鹋岭关，以扼守金州路。

三、潼关、凤翔之战

正大七年（1230年）十一月，蒙军再次进攻潼关、蓝关等地，都没有攻下，不久退军。正大八年（1231）正月，蒙古速不台军攻破小关，攻掠卢氏、朱阳等地。潼关统帅纳合买住一边率军据守，一边向金朝中央行省求援，行省派陈和尚领忠孝军一千，都尉夹谷浑领军一万前去支援。大败蒙古速不台军，一直追到倒回谷口而还。

金完颜合达、移剌蒲阿屯兵于潼关东。蒙古按擦儿军围攻凤翔、完颜合达、移剌蒲阿见蒙军声势浩大，不敢轻易行动。哀宗心急，派完颜合达和移剌蒲阿二将领兵出关与渭北蒙军交战，诱蒙古军救援，以解凤翔之围。完颜合达、移剌蒲阿领旨率军出关，至渭北，与蒙古军交战，正值窝阔台、拖雷率领的主力军赶到支援，金军当晚连忙收兵入关。二月，蒙古兵攻陷凤翔。

四、钧州三峰山之战

窝阔台出兵侵金以来，金、蒙互有胜负，蒙古兵并没有取得多少进展。正大八年（1231年）五月，窝阔台在官山九十九泉驻夏，召集蒙古诸王商议灭金的战略。降蒙金人李昌国向拖雷献计，

"金朝皇帝迁都汴梁,所以依仗的不过是黄河、潼关这两个天险。如果蒙军出宝鸡,进入汉中,不出一个月就可以抵达唐、邓二州。金人听到这个消息,恐怕得认为蒙军是从天而降。"拖雷听后,觉得可行,向窝阔台进献这个计划。窝阔台听后向各位蒙古大臣说道,当年太祖曾经有这样的规划,现在拖雷又提此事,真是太好了。

元军采纳李国昌的策略,蒙古军兵分三路向金朝发动进攻,中路军由窝阔台率领,进攻河中府,然后转向洛阳,从山西入河南;斡陈那衍率领东路军,进攻济南,从山东攻入河南;西军由拖雷率领,从凤翔过宝鸡,入小潼关,经过宋境沿汉水而下,自唐、邓进攻汴京,企图假道宋境,由邓州进入金境,最后围攻汴京。计划在1232年春季,三路大军合围汴京,消灭金朝。

金正大八年(1231年)九月,蒙军三路齐发,金朝面临着灭亡的危险,金朝将领们急忙研究抗蒙救亡的对策。枢密判官白华主张调陕西兵守河中,他认为与其到汉水去被动防御拖雷军,不如"围魏救赵",直往北上河中,和中路蒙军决战。黄河一天就可以渡过,便利金军军事行动。倘若作战顺利,蒙古去襄、汉的军马必当迟疑不进。利用北方作战机会,使南方掣肘。完颜合达自陕西上奏,也赞同此议。哀宗召移剌蒲阿到汴京商议。移剌蒲阿却以为,如金军北渡,蒙古兵必将驻平阳之北,放我军渡河,然后断我归路与我决战,那样恐怕对金军形势就很不利了。移剌

蒲阿请召合达来同议，合达对哀宗说，河中时势已经不同以前，所奏也不敢自信。合达、蒲阿仍还驻陕西，只以一支军马出冷水谷，为河中府声援。

十月，窝阔台开始猛攻河中，合达、蒲阿派元帅王敢率领步兵一万兵马前去救援。十一月，王敢救兵赶到，金军拼死守城，日夜不休。城西北楼橹被攻破，又血战半月、十二月初，终于不支，河中陷落。守将完颜讹可被俘遇害。

拖雷率领的西路军四万人马，先攻破宝鸡。九月，蒙军再破大散关，侵入宋境，接着屠洋州城，再攻兴元。宋兵见势不妙，放弃饶峰关。蒙古兵攻入饶峰关，由金州东下，直指汴京。邓州告急。

十一月，金哀宗急忙诏令完颜合达、移刺蒲阿率金军主力赶往邓州驻防，完颜陈和尚随行。杨沃衍军留守阌乡。两省军入邓，金朝同时写信给宋襄阳制置司，约宋军共同御蒙古，但被宋朝断然拒绝。十二月初，杨沃衍领兵八千，武仙自胡陵关领兵万人来邓州会师。屯驻于顺阳。

拖雷率领的蒙古西路军开始渡汉江。这时金提控步军，临淄郡王张惠向金军主帅建言，乘蒙军半渡邀击。但主帅移刺蒲阿这时却怯懦不敢进。蒙古兵约四万人顺利渡河至禹山。金军已驻屯顺阳二十日，完颜合达在邓州两山附近隘间设伏兵二十余万。合达、蒲阿分据地势，步军列阵山前，计划夹击蒙军，一战而胜。

拖雷得到谍报后，改变部署，决定留下大军辎重，只派少数轻骑前进，蒙将速不台设献计，金军不耐劳苦，不利野战、多次挑战使他们劳乏，然后就可以击败他们。蒙古轻骑兵到，合达见蒙军没有贸然轻进，只好列阵，准备死战。蒙古兵突击攻阵。都尉高英督军力战，蒙兵少退。蒙兵又突击都尉樊泽（即加谷泽）军，合达亲自上阵奋战，斩蒙军一个千夫长，在统帅的激励下，金军殊死战斗，暂时击退蒙军的进攻。

蒙古轻兵自禹山退走。两省奏报获胜。拖雷再次改变部署，决定除留下一支蒙古军牵制金军外。蒙古军分兵行进，避开金军主力，分道直捣汴京。完颜合达、移剌蒲阿发现上当后，时间已经有些晚了。蒙军主力已经越过金军防线，金军急忙自邓州发大军追赶蒙军。正大九年（1232年）正月初二日，完颜合达、移剌蒲阿率骑兵二万，步兵十三万，自邓州出发。骑兵统帅蒲察定住、朗将按的木、忠孝军总领夹谷爱答、提控步军张惠、殄寇都尉高英、樊泽，及中军陈和尚等随行。行至五朵山，与杨沃衍、武仙军汇合。杨沃衍问合达禹山之战情况如何。合达说，我军虽胜，而蒙古大兵已分散行军赶往京师了。杨沃衍愤慨地说，平章（合达）、参政（蒲阿）蒙国厚恩，掌握兵权、失去事机，不能战御，竟然纵敌深入，还有什么话可说！金军向北行军，蒙古伏兵不断在中途邀击。十二日，金军渡沙河，前往钧州。蒙古军渡河袭击，金军不能扎营休息，又得不到食品供应。行至黄榆店，再遇到天下大雪而不能前进，只能就地扎营。金军的处境可谓困窘不堪，濒临崩溃。十四日，合达在军中接到哀宗的制旨，密令金军尽快全部赶赴京师，护卫皇帝。前脚未走，后脚密旨又到，说蒙古骑兵离京师已经很近很近了，皇帝已经决定迁都卫、孟二州。合达、蒲阿看后，心如乱麻，恨不得立即飞到汴京。于是还未等金军吃上热饭就又立即启行。蒙军预先沿路设置层层小股伏兵，阻挡道路，不断骚扰牵制金军的前进。金军被阻半路，前进不得，后退亦不得，乱作一团。这时杨沃衍奋勇死战突围，终于夺得一条通路，陈和尚占据山上殿后，金兵急进，来到距离钧州（今河南禹州）十余里的三峰山。蒙古军占据三峰山的东北和西南、武仙和高英领兵袭击西南，杨沃衍、樊泽袭击东北，蒙古兵退到三峰山东。张惠、按的木率骑兵万余，从山上冲下，蒙古兵再次后撤。金军连续作战，已经极度疲劳，军士甚至三日没有吃饭。至三峰山，天又大雪，被包围的金军披甲胄僵立雪中，枪槊结冻如椽。而蒙古军却与河北降军聚集在四围，燃薪煮肉，轮番休息。乘金兵疲困，蒙军有意地让开去钧州的一条路，放金军北走，再追击溃军。果然，金军杨沃衍、樊泽、张惠三军竞相争路，完全失去阵型，乱成一团，张惠持枪奋战而死。樊泽、高英也都战死。武仙率三十骑逃入竹林。移剌蒲阿领兵北走，被蒙古军追到活捉。金军最后的主力部队全军覆没。

完颜合达与完颜陈和尚率领残部数百骑败入钧州。蒙军继续围攻钧州城。合达军突围没有成功，蒙古兵入城，合达败死。陈和尚被擒，他拒绝了蒙古的劝降，坚不跪拜，蒙古兵用刀砍断他的腿，陈和尚慷慨陈词道，我就是忠孝军总领完颜陈和尚。大昌原战胜你们的是我，卫州战胜你们的是我，倒回谷战胜你们的也是我。今日要死个明白。蒙古兵用刀断他的足胫，又割他的嘴，直割到耳边，血流不止。陈和尚至死不屈，英勇就义。

蒙军帅派遣杨沃衍的部下将官呆刘胜去向杨沃衍劝降，说投降当授大官。杨沃衍愤怒地说，我出身卑微，蒙受国家的大恩，你要这样玷污我吗？拔剑斩呆刘胜。杨沃衍向汴京哭拜说，无面目见朝廷，只有一死了。随即自缢殉难。

移剌蒲阿被蒙古军押送到官山。蒙古军多次劝他投降，移剌蒲阿只是说，我是金朝大臣，只当死在金国境内。不屈被杀。

钧州三峰山之战，是野狐岭之战后，蒙金之间又一次决定性的战役。完颜合达和移剌蒲阿是金朝后期抗蒙作战的两名主要统帅。抗蒙作战的主要将领也都是他们的部下。金宣宗以来，河北、山东地区委用当地地主武装抵抗蒙古。金兵主力二三十万由合达和蒲阿指挥。蒙古军分三路进攻，金朝内部在如何部署兵力上犹豫不决，意见不一，其实根本原因还在于，金军的作战能力和战役指挥已经远远不如对阵的蒙军。蒙军兵力虽然远少于金军，但

其机动灵活的战术,连续作战的顽强,都是金军远远不如的。因此,金军往来调动,疲于奔命,最终失去战斗力,被蒙军聚而歼之。由此可见,蒙军的胜利确实是自身实力的体现。钧州三峰山一战,金朝主要将领大部牺牲,金兵主力全部败溃。金朝遭到这一严重的失败,灭亡不可避免。

五、关陕军的灭亡

正大九年(1232年)正月,哀宗派遣完颜合达等从阌乡去邓州作战后,又调徐州行省徒单兀典行省阌乡,镇守潼关,以徒单百家为关陕总帅。钧州三峰山败后,哀宗又急忙征调徒单兀典的关陕金军来防守汴京。徒单兀典与潼关总帅纳和合润、秦蓝总帅都点检完颜重喜等撤除秦蓝各处守兵,领兵十一万,从虢入陕。

徒单兀典自阌乡发兵前,将库藏全部拿出赏给军士,每人白金三两,一副决一死战的样子。军资不够又要抢劫州民财物以资军用,被同华安抚使完颜素兰力谏而止。因为害怕蒙古屠城,阌乡百姓大都跟随金军行动,州中商贾也依军从行,妇女也多嫁给军士。这样的大军没有任何战斗力可言。金军没有走大路,而是由州西南走入大山冰雪中。随行军将葭州统帅及都尉张翼都在中途领兵逃跑了。金军赶到铁岭,遭遇蒙古军,完颜重喜首先投降,被蒙古军斩于马前。金军溃不成军。徒单兀典、纳和合润领数十骑亲兵逃到山中，被蒙古兵追上杀死。完颜素兰逃回陕州，与徒单百家守陕。徒单兀典率领的关陕兵十余万，是金朝另一支重兵。这支大军溃败，金朝的兵力更加空虚了。

第九章　哀宗迁蔡和金朝的灭亡

第一节
汴梁保卫战

钧州三峰山败后,蒙军与汴京近在咫尺。汴京的形势已经危如累卵,哀宗紧急召大臣完颜白撒还朝。完颜白撒曾经在平凉为官十年,金正大五年(1228年)被召还朝,并拜尚书右丞,后又任平章政事。此人贪怯无能,刚愎自用。正大九年(1232年)正月,蒙古兵长驱汴京,杨居忆建言,乘蒙军远来,立足未稳的时机,主动出兵进攻,而完颜白撒早就被蒙军吓破了胆,根本不敢这样行动。而是采取被动防御的办法,来守卫汴京。白撒派遣完颜麻斤出等率部众万人掘开堤坝,引河水来守汴京。工程还没完工,蒙古骑兵已经到了,完颜麻斤出等来不及逃回,被杀,修河丁壮逃回的不到二三百人。

汴京被围,形势急迫,而城中兵力却异常空虚。由于金军主力已经被完全消灭,汴京城内驻军已经不到四万人了。汴京城本身又非常雄阔壮观。周长近一二百里,守军甚至不能遍守城口,完颜白撒紧急召集在京军官和防城有功者,截长补短,仅仅得到百余将官领兵守城。完颜白撒又集合补充汴京东西沿河旧屯和卫州迁来的义军约有四万人,总共募集丁壮六万人,分守四城。二月,又紧急征募京师民军二十万分隶诸帅,每人每月供给粟粮一石五斗,这才基本稳定了汴京的形势。

三月,窝阔台大汗驻军郑州,正式下令忽都忽等率军攻打南京,打响了灭亡金朝的最后一仗。金哀宗也振作精神,力图一搏。他命令完颜白撒暂住上清宫,枢密副使赤盏合喜暂住大佛寺,这样金军以三人驻地为核心,形成三个防御中心。蒙古方面见汴京防御力量又得到了加强,不能马上破城,另一方面,中原炎热的气候令蒙军内部疫病流行。于是蒙军采取了惯用的招抚策略,从郑州派遣使臣唐庆持国书来招降,窝阔台要哀宗献出翰林学士赵秉文、衍圣公孔元措等二十七家子弟亲属,又索取降人家属,移剌蒲阿妻子、绣女、弓匠等数十人。哀宗抗敌的决心再次动摇,他紧急封荆王完颜守纯的儿子完颜讹可为曹王,由尚书左丞相李蹊把他送到蒙古军营作为人质,向蒙古求和。但窝阔台和拖雷率蒙古大军确实是北还了,却背弃承诺,留下蒙军主力三万,由速不台率领继续攻打汴京。

蒙金议和期间,蒙军在汴京城外,沿城壕设列木栅,用薪草填壕,继续做攻打汴京城的准备。完颜白撒等主帅因为正在与蒙古议和，因此不敢出兵阻挡，眼睁睁在城楼上坐视蒙军备战。汴京军民彻底愤怒了，在城中喧呼，纷纷要求出兵。哀宗无奈，亲自出端门慰劳军士。有金军小队五六十人对哀宗说，蒙古兵负土填壕，已过一半。平章不准放一箭，说怕坏和议。

哀宗表态道，等曹王去，蒙古兵若不退，你们再死战不迟。军民哭泣着哀告，事已紧急，皇帝不要只盼望讲和！千户刘寿硬拉着哀宗的马，说，皇帝不要相信贼臣。贼臣尽，才能退敌兵。卫士们要打他，哀宗说，他喝醉了酒，不要理他！

蒙军随后开始攻城。哀宗命大臣分守四城，枢密使赤盏合喜守西北角了，此时却已经吓得语无伦次，面无人色。平章政事完颜白撒倒还镇定，他负责镇守西南隅。为了出奇兵，白撒征募敢死队员千余人，从地道出城渡壕，烧蒙军炮座。约定城上悬红灯为记，可惜被蒙军发觉而失败。白撒又想一策，放纸鸢（风筝）送文书招诱蒙古军中金人。

虽然金军将帅怯懦无能，守城军民却人人激昂，奋勇抵抗。汴京居民挖取宋朝遗留的假山石头，制造成圆球状的炮弹，每个约重一斤。每城一角都放置炮弹百余枚，更递下上，随时补充，昼夜不停。堆积的炮石几乎与里城城墙一样高。还有一种叫作"震天雷"的火炮，用铁罐盛火药，炮起火发，其声如雷，可以烧透铁甲。蒙古兵在城外墙掘出龛穴，城上不能射到，于是，城中用铁绳系震天雷，顺城墙而下，至掘处火发，穴中蒙古兵就被炸死。

又有飞火枪，注入火药，点火后，火焰喷射，可到十余步远。蒙古兵攻城，最怕这两种火器。这也是有历史记载的火药在军事上的最早应用。经过汴京军民的合力守城，与蒙古军奋战十六昼夜，终于保住了汴京城。哀宗又派使臣去蒙古军营求和。速不台见汴京短时间难以攻下，只好顺坡下驴，说："已在讲和，还相攻吗？"领兵退去。

三月十四日，哀宗登端门犒赏三军，改年号开兴为"天兴"。赤盏合喜跳出来抢功，还说他守城有功，主张朝中庆贺蒙古军退。几个宰相都出来反对。权参知政事完颜思烈反驳道，城下之盟，诸侯以为耻，怎么能以（敌军）罢攻为可贺呢？赤盏合喜大怒说，社稷不亡，帝后免难，你们不高兴吗？翰林学士赵秉文拒不起草贺表，金廷上下因此闹得不可开交，朝贺事不再举行。蒙军退后，舆论纷纷要求罢免白撒，哀宗被迫罢去白撒平章政事，军士恨他不战误国，声言非杀他不可。白撒吓得躲起来，一天搬几次家避祸。

但金廷上下高兴得过早了。蒙古军并不是真退，而是改变策略，由强攻改为长期围困而已，金朝的困局并没有大的改观。蒙古围攻汴京时，各地居民都迁入城中避难。等到蒙古兵退走，由于天气炎热，人口众多，卫生条件又差，城中疾病开始流行。短短五十天内，死亡达九十万人，因贫困不能下葬的不计其数，城内粮食匮乏，以致"人相食"。汴京解围后，哀宗放百姓出城就食，采集野菜糊口。这时，蒙古军分散驻扎在河南各地，而汴京外无援兵，内无粮饷，几乎是一座孤城。

五月，金哀宗派完颜思烈招募援兵。又任命武仙为参知政事、枢密副使、行省河南，诏令二人领兵入援。武仙至三峰山败后，率残部到南阳留山，收集溃卒，招募士兵，又有十余万军队的规模，加之聚集粮食和武器，声势稍振。七月，完颜思烈从汝州发兵，与武仙部汇合，共同入援汴京。哀宗任赤盏合喜为枢密使，率京城兵一万五千人前去接应。赤盏合喜根本不想去，但抗命不成，这才勉强出兵，行至中牟故城后又屯兵不进。

八月，武仙领兵到密县东，遭遇速不台部蒙军。武仙在眉山店按兵不动，然后与完颜思烈联络，要思烈阻涧结营，等武仙兵到，两军合兵并进，说不然就要失败，完颜思烈却急于去汴京，他不听武仙的建议，独自领兵到郑州西京水，果然遇到蒙军的袭击，不战自溃，思烈败走后武仙退兵留山。赤盏合喜听到思烈军败的消息，立即放弃辎重，连夜逃回汴京。官员们说："赤盏合喜始则抗命不出，中则逗留不进，最后弃军逃跑，损失军资不可胜计，不斩之，无以谢天下。"哀宗不忍心这样做，便罢去赤盏合喜枢密使职务，免官为民。

汴京城中缺粮，驻军无粮饷。八月初，金廷当局设置括粟局，向城中居民强征粮食。括粟官对居民说，如果一旦粮尽，拿你们的妻、子做军食，你们还能吝惜吗？括粟整整十八日，实际上就是强抢民粮。八月二十八日改为"进献"。直到九月，哀宗诏令上党公张开等率军保护陈留通往许间的粮道，有了援粮的供给，这才停止强制汴京贫民献粮。但前御史大夫完颜合周却认为，京城括粟，还可得百余万石，还有潜力可挖。

哀宗以完颜合周为权参知政事，再次括粟。完颜合周下令每家自报存粮。壮年每人只许留一石三斗，年幼的减半。各家自己把存粮写在门口，如有隐匿，即按隐匿的升斗数治罪，城中三十六坊，都选严酷官吏主持括粟。有寡妇两口人，交豆六斗，内有蓬子三升，被括粟官吏发现捉去示众。寡妇哭诉道我丈夫战死，姑婆年老，不能奉养，所以夹杂蓬秕自己吃，不是敢用来充军储，而且这三升，是在六斗之外多余的。官吏不听她申诉，当众把她杖死。汴京居民为之战栗。有存粮的也都赶快扔掉，有人将情况报告给完颜合周。完颜合周说，京城危急，是保存国家呢？还是保存百姓呢？人们听闻此言，有话都不敢再说，从此家无余粮，只有束手待毙，饿死者极多。哀宗见状，只好拿出些太仓的粮米做粥来临时救济百姓。军队筹不到粮食，只好出城就食。至此，汴京援绝粮尽，难以为继，已经处于不攻自破的绝境。

第二节
哀宗出逃与汴京沦陷

天兴元年（1232年）六月，左丞李蹊与曹王自蒙古军还汴京。七月，蒙古使臣唐庆等来汴京，哀宗托病不见，唐庆出言不逊，令哀宗去帝号称臣，投降蒙古，引起金飞虎军的愤怒，愤而杀唐庆及从行人员三十余人，哀宗赦免军士。蒙、金和议断绝。

十二月，局势变得更为严峻，朝廷上下都议论着弃汴出逃的可能。哀宗以援兵不至、将帅缺人为理由，重新启用白撒为平章政事、权枢密使、右副元帅。同时起用白华为右司郎中。哀宗遣近侍向白华问计，白华献计说，现在耕种已经荒废，粮食供应即将断绝，四外援兵都指望不上，圣主可出就外兵，留皇兄荆王守纯在汴京监国，由他裁处，圣主既出，不妨遣使告知蒙古，我外出不是收整军马，只是因为军卒擅杀唐庆，和议断绝，现在把京师交付荆王，我只求一二州养老。这样，太后皇族可以保存，圣

主也可以宽心了。

哀宗于是决意出逃。次日,又召白华询问计策,出巡之计已定,但到哪里去,群臣议论未定。有的说归德四面皆水可以自保,有的说可沿西山入邓,也有人说既然要入邓,而蒙古大将速不台现在汝州,不如取陈、蔡,绕路转往邓州,你以为如何?白华认为:归德城虽坚,久而食尽,坐以待毙,决不可往,欲往邓州,既然汝州有速不台,断不能往。今日的事势,如同赌徒所谓的孤注。孤注只有背城之战。为今之计,当直往汝州,与之决一死战。但汝州战不如半途战,半途战不如出城战,如出京太远,军食日减,事情就难了。倘若我军得战,存亡在此一举、外可以激三军之气,内可以慰都人之心。如只为逃避迁移之计,人心顾恋家业,未必都肯从行,应当仔细考虑。 哀宗再召诸将商议,仍有人主张去归德,有人主张去邓州。第二天,哀宗向守城将士宣布,因为京城食尽,打算外出。诸帅将佐一起奏报说:"圣主不可亲出,只可命将,三军欣然愿为国家效死。"

哀宗又有些犹豫,打算命将守城。权参知政事完颜讹可等激烈反对留汴京。汴京民间已在盛传皇帝要去归德,坐视城中百姓饿死。哀宗召集起复的老将丞相完颜赛不、完颜讹出、合周等数人密议,决议出京。以完颜赛不为右丞相、枢密使兼左副元帅,白撒为平章政事、权枢密使兼右副元帅,完颜讹出为右副元帅兼枢密副使、权参知政事,李蹊为兵部尚书、权尚书左丞,徒单百家为元帅左监军行总帅府事，高显为东面元帅，完颜猪儿为南面元帅，刘益为西面元帅，娄室为北面元帅，各领兵五千，受总帅完颜百家统辖，扈从哀宗出奔。

哀宗把皇太后、皇后和诸妃留在汴京，以完颜奴申为参知政事兼枢密副使，完颜斜捻阿不为枢密副使兼知开封府、权参知政事，撒合为外城东面元帅，术甲咬住为南面元帅，崔立为西面元帅，孛术鲁买奴为北面元帅，留守汴京。又命完颜合周留管宫内事。

完颜奴申和完颜斜捻阿不这两人当时被汴京军民称为"二相"，是汴京最高军政长官。但完颜奴申是个读书人，并不懂军事。汴京自哀宗出逃后，城内暂时还平静，卫州败报以及哀宗逃亡归德的消息传来，接着哀宗又派人去接取太后和皇后，百姓才知道朝廷要放弃汴京，于是城中骚动，城内百姓无不绝望。

这时，速不台听说哀宗逃出汴京，于是率蒙军又来攻城。汴京城内外不通，粮价高涨，一升米卖银二两。百姓粮尽，饿死甚多。卫州军败，人们看到金朝将亡，更加不安。当时，开封城内盛传朝廷要立荆王做监国，然后正式投降蒙古。"二相"其实当时已经投降蒙古，只是归德方面的使臣还没有走，因此，还不能公开有所行动。就在这几天的僵持局面中，草寇出身的城防元帅崔立突然发动政变，天兴二年（1233年）正月二十三日，率领亲兵包围"二相"的府宅。不由分说杀掉完颜奴申、完颜斜捻阿不

二相及其他留汴官员,为了争取支持,崔立哄骗百姓,说"二相"无谋,为了全城百姓的未来,只好杀掉他们,从而赢得了汴京上下的支持。然后崔立立即召集百官,决定立卫绍王的儿子、梁王完颜从恪为监国,崔立则自称太师、军马都元帅、尚书令、郑王。崔立亲自来到蒙军处议和。崔立此人"性淫狡,常思乱以快其欲"。他约降蒙古后,立即派人烧掉京城城墙上的楼橹防具,并假称蒙古军旨意,亲自"鞫审"随从金哀宗出逃的官员妻女,随意奸污,日乱数人,无恶不作。崔立还霸占了荆王府为私邸,并窃取内府大量珍宝归为己有。四月底,崔立把太后、皇后、梁王、荆王以及宗室男女总共五百余口押赴青城,交给蒙军,押解北上和林。这与北宋靖康年间宋朝宗室被金军押解北上黄龙府,极其相似。同时蒙军还劫走大批僧、道、医师、工匠、绣女,汴京的陷落,意味着金朝的即将灭亡。

第三节
归德变乱哀宗迁蔡

天兴元年（1232年）十二月二十五日，哀宗从汴京出发，向西前往汝州。这天，陕州总帅完颜仲德经秦、蓝、商、邓提兵援助汴京。巩昌元帅完颜忽斜虎从金昌入援，二人对哀宗说："京西三百里之间无井灶，不可往。"哀宗又改变计划，决策东行，经陈留、杞县到达黄陵岗。

完颜仲德留任尚书右丞，随哀宗扈从。十二月三十日，哀宗和群臣在黄陵岗开会讨论去向。白撒主张哀宗前往归德，由白撒率河北降将取大名、东平、经略河北。哀宗采纳了白撒的建议，这时蒲察官奴奏报卫州有粮，主张攻取卫州。白撒说，京师还不能守，得了卫州有什么用？在臣看来，还是取东平之策为好。哀宗改变想法，放弃攻打东平之策，决定攻打卫州。天兴二年（1233年）正月元旦，归德总帅石盏女鲁欢运来三百余船粮食助军。哀宗令乘粮船渡河北上攻卫州，正当金军渡河之际，突然北风大作，后面的兵士万人还在南岸没有过河。在此时，蒙军赶到，元帅完颜猪儿战死，都尉完颜讹论出投降蒙古。

哀宗驻兵河北岸，留三千亲卫军扈从。正月初四，继续令白撒督军取卫州。右丞相完颜赛不领马军先行。元帅蒲察官奴、总帅徒单百家，及郡王范成进、王义深、上党公张开、元帅刘益等率步兵自蒲城进发。大兵出发前，右丞相苦谏，说："存亡在此一举，卫州绝不可攻。"哀宗不听，命白撒督军进发。

金兵自蒲城行军，经八日才赶到卫州城下。这时，三千蒙古骑兵来袭，被蒲察官奴等击退。金军围攻卫州，但缺少器械，连攻三日不能破。蒙古派大兵来援至卫州西南。金军闻讯退师。蒙古兵跟在后面追击，金兵大败。白撒弃军逃跑。刘益、张开都在逃跑途中被当地百姓所杀。这时，哀宗在蒲城东三十里。白撒赶到，仓皇对哀宗说，现在我军已溃，蒙古兵近在堤外，请赶快去归德。哀宗在深夜四更匆忙乘船逃往归德，侍卫都还不知道。次日，金朝败军得知哀宗逃走，相继溃散。白撒收聚溃兵两万到归德，哀宗把攻卫之败归罪于白撒，白撒下狱七日饿死。完颜赛不辞官致仕。完颜仲德受命行省徐州，蒲察官奴请再领兵北渡，被女鲁欢阻止。

天兴二年（1233年）二月，哀宗留驻归德，以知归德府事石盏女鲁欢为枢密副使、权参知政事。这时，河北溃军也相继来到归德。归德军多粮少，难以维持。女鲁欢请哀宗令溃军去徐、宿、陈三州就食。三月，女鲁欢又请哀宗令亲卫军出城就食。哀宗勉强听从，暗中却挑唆元帅蒲察官奴说，女鲁欢尽散卫兵，你当小心。这时，归德城内只有官奴统率的四百五十人忠孝军和马用统率的七百人留在府中，但二人关系却非常差。马用原来只是一个都尉，到归德后升才临时为统兵元帅。官奴目中无人，而哀宗却偏爱背着官奴找马用商量军情，这就更加激化了二人之间的矛盾。官奴统领的忠孝军四处剽掠，而官奴却不加禁止。左丞相李蹊等人上奏官奴将要谋反。哀宗却说，官奴从微贱中被启用升任为大帅，何能负我而反？你们不要过虑。哀宗怕官奴、马用不和，因而成乱，三月二十四日，令宰相在尚书省设宴调节二人关系。事后，马用以为已经无事，就撤去守卫，放心休息了。蒲察官奴当天夜晚率忠孝军进攻马用，马用被杀。官奴又乱杀军民，劫持朝官，杀石盏女鲁欢、李蹊等将帅三百余人，军民死者三千人。官奴提兵觐见哀宗说，女鲁欢等谋反，已经被我杀了。官奴兵权在握，哀宗无法，只好承认官奴无罪，任他为枢密副使，权参知政事。这样，蒲察官奴实际上控制了归德，哀宗成了孤家寡人，对官奴言听计从。

蒲察官奴年少时曾被蒙古军俘虏，往来河北，后来从狱中逃回金朝，编入忠孝军万户，母亲仍在蒙古军中。哀宗令官奴以此为缘由向蒙古军谈和。官奴秘密遣使向蒙军主帅忒木得报告，想要劫持哀宗投降蒙古。蒙古方面信以为真，放还官奴母，并派二十名使者来招降。蒲察官奴通过与使者交谈，了解到蒙古军队驻防和布置情况，进而制订了偷袭蒙军计划。由于计划绝对保密，只有数人知晓，但忠孝军内部却传出蒲察官奴要劫持哀宗投降蒙古的消息，于是军心大乱，忠孝军的组成主要是当年逃出蒙古军的俘虏，因此，绝大部分人是不愿意再入虎穴的。因此，纷纷围住官奴的住宅，责问道，你要献出皇帝投降，我们都是蒙古军不能赦的人，该往哪里去？官奴把母亲交出做人质，并说，你们如果对我有怀疑，就把我母亲杀掉，我绝不怨恨。官奴在北草场，面对忠孝军将士，当众发誓说他不降蒙，并告谕军士，计划出兵袭击蒙古军营。

哀宗到归德后，蒙古诸军逐渐会集到归德附近。蒙古撒吉思卜华军在归德城北，临城背水扎营。五月间，哀宗、官奴下令军中准备火枪战具。官奴率忠孝军四百五十人，从南门登船，由东向北，乘夜到城北王家寺，哀宗到城北门观战，如果劫营失败，就乘船逃亡徐州。四更时，两军接战，金军奋勇杀敌，腹背夹攻，用火枪袭击。蒙古军溃败，溺死者三千五百余人。撒吉思卜华败死，全军覆没。蒙古藁城元帅董俊也在作战中败死。金军取得劫营的重大胜利。暂时的胜利未能使金朝摆脱困境，反而激化了内部矛盾。

蒙军败退后，哀宗亲授官奴参知政事兼左副元帅，官奴声势日盛。朝臣都不敢向哀宗奏事。哀宗慨叹说：自古无不亡之国，不死之主，但恨我不知用人，以致被此奴所困。蒲察官奴击退蒙军后，与充王国用安（李全余部）密谋胁迫哀宗传位，进而恢复山东。如果不成，就将哀宗献给宋朝。五月，蒲察官奴领兵去亳州（今安徽亳州）与国用安联络。六月间，哀宗与近侍官设计把官奴召还，在官奴入见时，哀宗和近侍当场把他杀死。

哀宗到归德后，蒲察官奴曾建议迁往国用安（李全余部）占据的海州，哀宗不听。蔡、息等州总帅乌古论镐请哀宗去蔡州（今河南汝南），官奴极力反对，认为其防御能力赶不上睢阳（河南商丘）。哀宗杀官奴后，决计迁往蔡州。蔡州临近宋境，哀宗迁蔡，正便利宋、蒙夹攻。当时蒙军久攻归德不下，损失惨重。如果哀宗在归德在坚持一阵，蒙军可能退兵。所以哀宗决定前往蔡州是压垮金朝的最后一根稻草。

正当哀宗准备自归德南迁时，蒙古军又攻陷了中都（洛阳）。天兴元年（1232年）三月，中京曾被蒙古军攻破，留守撒合辇战败，投水自杀。蒙古军退后，元帅右监军任守真重建府衙。河中射粮军子弟强伸戍守陕州，兵败后逃到中京，任守真任命强伸为警巡使。任守真随完颜思烈入援，后死在郑州。中京人推举强伸领军二千五百人拒守。蒙古兵再来攻城，强伸多次战退蒙军，守住了中京城。哀宗下诏褒奖，以强伸为中京留守、行元帅府事。十月间，完颜思烈自南山败走后，领军民十余万入洛阳，行省事。天兴二年（1233年）三月，蒙古破汴京后，将留在汴京的完颜思烈的儿子押到中京城下，胁迫思烈投降。思烈不理，命左右在城上射箭。思烈知道崔立献汴京叛金降蒙后，忧病而死。总帅乌林答胡土代行省事，强伸行总帅府事。五月，蒙古兵再来攻城，命降蒙的韩某隔河向强伸诱降。强伸说，先生不是国家臣子吗？不能勤王，还要诱我投降吗？我本一军卒，现在做到留守，只能誓死报国。强伸出兵击退蒙古骑兵。六月间，行省乌林答胡土放弃中京南逃。部下开城西门投降。强伸见城不能守，自城东门突围而出，转战到偃师，最后力尽被擒。蒙古兵把强伸强拥在马上，说，你能北面以屈膝，就饶你的命。强伸不从。蒙古兵强迫他向北，强伸却扭头南向，最后被杀殉国。

汴京、中京相继沦陷后，天兴二年（1233）六月十八日，哀宗自归德出发，留元帅王壁守归德。途中正遇上瓢泼大雨，扈从人员徒步跋涉，没有食物，只能摘青枣充饥，一路上忍饥挨饿。次日，到达亳州，停留一日后，到达亳州南六十里双沟寺避雨。哀宗见此地荒寂无人，哀叹："生灵尽矣！"尽管如此，亳州节度使王进却还要为哀宗一行征调民夫，用来运送兵甲、军粮。哀宗此时已经昏聩到极点，竟然派参知政事张天纲协办此事。结果激起民变，镇防军崔复哥发动兵变，张天纲一看不妙，急忙任命崔复哥为节度使，并且宣布不再征调丁夫，这才平息了事态。幸好，息州（今河南息县）派人送来二百匹战马，二十六日，这支逃难的队伍才进入蔡州城。

第四节
蒙、宋联合灭金

哀宗逃到蔡州，蔡州地处淮水支脉汝水上，与宋朝接壤，无险可守，并且面临着宋朝的威胁。

哀宗在归德时，曾派白华等去邓州召援兵，白华叛降宋朝。邓州节度使移剌瑗也叛金降宋，哀宗离归德去蔡州，临淄郡王王义深又在灵璧叛变，经涟水入宋。哀宗到蔡州后，又召武仙领兵入援。移剌瑗降宋后，宋兵袭击顺阳武仙军，被武仙击败。七月，武仙迁谋取宋金州。军队缺粮，兵士都散去，溃不成军。

哀宗从归德逃往蔡州后，调徐州完颜仲德来蔡州领省院事，主持军政。随后，又调徐州军帅抹然兀典，并再次启用老将完颜赛不领行省尚书事于徐州。完颜仲德在蔡州亲自整顿兵马，从诸道征兵万人，天兴二年（1233年）九月，鲁山元帅元志领兵千人来援蔡州，息州忠孝军元帅蔡八儿、王山儿等也领兵到蔡州。完颜仲德命工匠修缮器甲，限一月完工；又整肃军纪，赏罚严明，这样金军的军威稍有振作。

这时，蒙古与宋朝的谈判还没有结果，哀宗对局势还抱有幻想，入蔡州后以为可以苟安，又想修宫室、选室女，都被完颜仲德力谏阻止。

完颜仲德早在入援汴京时，就主张哀宗西迁秦巩。哀宗到蔡州后见防守比较困难，天兴二年（1233年）八月，以蜡书密谕秦州元帅粘葛完展，打算九月间出饶峰关会师，乘宋朝不备，攻取兴元，向宋朝的四川扩地。但是，金哀宗没有想到的是，这时的宋朝已和蒙古达成协议，联合攻灭金朝，金亡后，河南地归宋，宋朝的大兵已经向金朝出发了。

天兴二年（1233年）八月，应蒙古要求，宋兵围攻距蔡州不远的唐州。金唐州守将乌古论黑汉遣使求援。金哀宗命权参知政事乌林答胡土领忠孝军百人，又命西山招抚乌古论换柱等军赴援。宋兵乘金援军一半入城时，出伏兵夹攻，换柱战死，胡土大败，领三十骑逃回。乌古论黑汉在唐州城坚守。城中食尽后黑汉率众巷战，战败被俘后被杀。

宋兵攻下唐州后进兵息州南，哀宗派抹然兀典领兵救援，兀典派忠孝军百余骑在中渡店袭击宋军，宋军误以为是蒙古军来袭，溃散而去。金军获胜。

哀宗见宋朝助蒙攻金，派皇族完颜阿虎带去宋朝谈和，说，

蒙古灭国四十,以及西夏,夏亡及于我,我亡必及于宋。唇亡齿寒,自然之理。若与我联合,所以为我也是为宋。宋朝拒绝,不准和议。

蒙军由塔察尔率领,宋军由孟珙率领,分道向蔡州进攻。天兴二年(1233年)九月,蒙古兵到达蔡州城下。哀宗在重九日拜天,对群臣说,国家自开创以来,养育大家一百多年。你们或因先世立功,或因功劳被起用,已很多年了。现在国家危急,你们愿意和我共患难,真可谓忠矣。蒙古兵将到,正是你们立功报国之秋,纵死王事,不失为忠孝之鬼。说罢,哀宗向群臣赐酒。这时,蒙古兵数百骑已到城下,金兵踊跃请战。哀宗分兵防守四面。总帅孛术鲁娄室及完颜承麟守东面,乌古论镐、元志守南面,乌林答胡土守西面,蔡八儿、王山儿、纥石烈柏寿等守北面,完颜斜烈守子城。次日,忠孝军蔡八儿率百余骑潜出城门,渡汝河,向蒙古兵发动进攻。蒙军却筑起长垒,想作持久围困。十月,徐州守将郭恩与郭野驴等叛降蒙古,完颜赛不拒降自杀。

蔡州被围日久,城内粮荒日渐严重,哀宗放城内饥民出城,又给饥民行船到城壕采野草充饥。十一月,宋将孟珙率两万兵马抵达蔡州,运粮三十万石助蒙古军需,宋蒙正式会师。孟珙从俘虏处得知,蔡州城中粮尽,宋军与蒙军协力围困,防止金兵突围。宋兵攻南面,蒙古肖乃台、史天泽部攻北面,东西两面也由蒙古兵包围。蔡州城外有柴泽,潭外即汝水。金军在巨弩设防。十二月，宋兵决柴泽入汝水，用薪草填潭，从潭上行军攻城。肖乃台、史天泽自城北偷渡，与金军血战。十二月初九日，蒙古军攻破蔡州外城。金外城守将宿州总帅高腊哥战死。蒙古攻东城，总帅孛术鲁娄室随机备御。蒙军攻南城，炮击城楼。完颜仲德领兵救援，蒙古兵退。面对蒙古及宋军的四面来攻，完颜仲德难于四面救援，于是向哀宗推荐完颜承麟权总帅，代娄室守东面。十九日，蒙军攻破西城。完颜仲德选三面精锐，昼夜抗御，蒙军始终不能入城。都尉王爱实战死。二十四日，哀宗率领兵士夜出东城逃跑，到城栅处，与蒙军遇，被迫退回。

蔡州被围三月，城中粮尽。哀宗杀上厩马五十匹、官马一百五十匹赏给将士食用。城中居民用人畜骨和芹泥充饥。天兴三年（1234年）正月元旦，宋蒙联军在城外会饮鼓吹。哀宗命近侍分守四城，各级官吏都出供军役。初九日，蒙军在西城凿通五门，整军入城。完颜仲德督军巷战。直到傍晚，蒙古兵暂退。哀宗见蔡州不守，说，我为金紫十年，太子十年，人主十年，自知无大过恶，死而无恨。只恨祖宗传国百年，至我而绝。又说道，自古以来，没有不亡之国。亡国之君往往被人囚执成为俘虏，或在阶庭受辱。我必不止于此。你们看着吧。

哀宗当夜传帝位给东面元帅完颜承麟，说，你矫捷有将略，万一能逃走，使国家不绝，乃是我大金之幸。次日凌晨，完颜承麟受诏即皇帝位。正在行礼，城南已竖起宋朝旗帜，诸将急忙赶

出来作战。宋军攻下南城,乌古论镐被俘,乌林答胡土战死。蒙古塔察尔军攻破西城。完颜仲德领精兵一千巷战,自卯时坚持到巳时。哀宗在轩中自缢而死。完颜仲德对诸将说,皇帝已死。我还怎么作战?我不能死于乱兵之手,要去投汝水殉国,诸君善自为计吧!完颜仲德投汝水自杀。诸将都说,宰相能死,我们就不能吗?孛术鲁娄室、元志、王山儿、纥石烈柏寿等及军士五百余人都投河自杀。完颜承麟被乱兵杀死,金亡。

第十章 西夏的灭亡

第一节
历史背景——西夏的崛起和立国

西夏是党项族建立的王朝，党项族原本定居于四川松潘高原一带。唐高宗时期受吐蕃压迫，最后在唐廷协助下迁移到河套陕北一带，分为平夏部与东山部，至此建立西夏的龙兴之地。唐广明二年（881年）因平夏部拓跋思恭平黄巢之乱有功，被封为夏州节度使，至此正式领有银州（今陕西米脂县）、夏州（今陕西横山县）、绥州（今陕西绥德县）、宥州（今陕西靖边县）与静州（今陕西米脂县西）等五州之地。

宋太宗雍熙二年（985年），李继迁会同族弟李继冲诱杀宋将曹光实，并占据银州，攻破会州（今甘肃靖远），与宋闹翻；又向辽国"请降"，被契丹人封为夏国王。宋太宗崩后，宋真宗即位，为息事宁人，割让夏、绥、银、宥、静五州给李继迁，事实上承认了西夏的独立地位。

西夏显道元年（1032年），李德明之子李元昊继夏国公位，派大军攻取吐蕃的瓜州、沙州、肃州三个战略要地。这样，元昊已拥有夏、银、绥、宥、静、灵、会、胜、甘、凉、瓜、沙、肃数州之地，即宁夏北部，甘肃一部、陕西北部、青海东部以及内蒙古部分地区。延祚元年（1038年）十月十一日，李元昊称帝，建国号大夏。

此后数年，元昊相继发动了三川口之战、好水川之战、麟府丰之战、定川寨之战等四大战役，歼灭宋军西北精锐数万人。并在延祚七年（1044年），在河曲之战中击败携十万精锐御驾亲征的辽兴宗。此时，西夏总兵力约五十万人。

女真崛起后，西夏攻占宋朝定边军，并向金国称臣。金朝皇帝在高兴之余把此前占领的西夏故地乐州、积石州等河外诸州都赏赐给了西夏王乾顺，西夏领土达到顶峰。

西夏的疆域范围在今宁夏，甘肃西北部、青海东北部、内蒙古以及陕西北部地区。东尽黄河，西至玉门，南接萧关（今宁夏同心南），北控大漠，占地两万余里。西夏东北与辽朝西京道相邻，东面和东南面与宋朝为邻。金朝灭辽宋后，西夏的东北、东和南都与金朝相邻。西夏南部和西部与吐蕃诸部、黄头回鹘及西州回鹘相邻。国内三分之二以上是沙漠地形，水源以黄河与山上雪水形成的地下水为主。首都兴庆府所在的银川平原，西有贺兰山做屏障，东有黄河灌溉，有"天下黄河富宁夏"

之称。

西夏政治是蕃汉联合政治，党项族为主要统治民族，并且联合汉族、吐蕃族、回鹘族共同统治。皇族注意与党项贵族的关系，以通婚与权力笼络党项贵族，而母党"贵宠用事"。这些都使皇族与母党、党项贵族之间时常发生冲突。

西夏由于处于强国环视的河西走廊与河套地区，先后要应付后唐、回鹘、吐蕃、宋朝、辽朝、金朝与蒙古的威胁，所以外交是夏廷十分重视的环节。金史称西夏"立国二百余年，抗衡辽、金、宋三国，视三国之势强弱以为异同焉"。

其外交策略主要是联合或依附强者，攻击弱者，以战求和。这些策略使西夏得以不断延续、发展。然而依附国过于强大，最后难逃灭亡之命运。

西夏早在夏州政权时期（定难军）就奉唐朝、五代诸国与北宋为宗主国，以维持自身势力。后来北宋并吞夏州政权，李继迁举兵再起。此时他采取事奉辽朝、联辽抗宋的策略，多次击退宋军，并且扩张势力，于辽统和八年（990年）被辽朝辽圣宗册封为夏国王。到李德明时，为了巩固新领地，对北宋和谈，于宋景德三年（1006年）签署景德和议。然而李德明依旧维持与辽朝的关系。除了应付辽、宋的战事外，为了称霸河西，先后攻灭甘州回鹘、沙州归义军，对抗吐蕃六谷部、唃厮啰国等，与西州回鹘为邻。夏景宗时正式称帝建国，自称邦泥定国，称男不称臣，并

且多次入侵宋朝边疆。宋仁宗不满西夏独立,派兵攻打之,至此宋夏战争爆发。夏景宗在三大战役战胜宋朝后,延祚七年(1044年),宋夏双方于签订庆历和约。宋朝给予"夏国主"名号,西夏皇帝对宋朝称臣,但实际上西夏皇帝在国内仍以君王自称。宋朝给夏金钱、茶叶等大量物资。西夏虽然击败北宋,但惹来辽朝不满,双方发生三次战争(贺兰山之战),最后以西夏称臣结束。而后北宋神宗为了击败西夏,趁西夏内乱之际发动五路伐夏与永乐城之战,最后都以西夏战胜结束。

其后,西夏国力渐衰,横山地区又被北宋占领,此后有赖辽朝周旋方能稳定宋、辽、西夏三国鼎立的关系。金朝崛起后灭辽朝与北宋,西夏为了自保,放弃辽夏同盟,臣服于金朝。金朝包围西夏的东方与南方,掌握西夏的经济命脉,所以夏廷对金朝不敢轻举妄动,最多只有小规模的战事。

蒙古崛起后,多次入侵西夏,破坏金夏同盟。夏襄宗与夏神宗改采取联蒙攻金的策略,多次与金朝发生战争到夏献宗时才改为联金抗蒙,但不久就在蒙夏战争中于宝义二年(1227年)亡国。

西夏对于回鹘、吐蕃等少数民族采取怀柔与招抚的方式,效果比宋朝还要好。例如西使城(今甘肃定西西南)吐蕃首领禹藏花麻不愿降宋朝,又受到宋军王韶的攻掠,夏毅宗立即派兵支援,将宗女嫁给他。禹藏花麻遂把西使城及兰州献给西夏。

西夏军队的军事手段十分灵活,配合沙漠地形,采取有利则进、不利则退,诱敌设伏、断敌粮道的战术,并且有铁鹞子、步跋子与泼喜等特殊兵种辅助。

第二节
与金、南宋鼎立的后期西夏王朝

西夏立国后的百余年间,与辽、北宋两大政权保持着三足鼎立的稳定状态。作为西夏宗主国的辽国,在西夏与北宋发生纠纷或战争时,一般是支持西夏,用西夏牵制北宋,取得对北宋的战略优势,因而辽、夏之间的关系是亲密而协调的。

西夏仁宗仁孝在位时期,正好赶上女真政权先后灭掉辽朝和北宋两大政权的北方大变乱时期。基于辽和北宋政权的灭亡,这对于一向凭借辽朝的支援并从北宋王朝吸取经济和文化营养的西夏统治者来说,影响无疑是深远的。西夏一百九十多年的历史,被拦腰中断为与北宋、辽鼎足而立的前期和与金、南宋鼎立的后期。此前,处在西夏北方和东北方的辽国,要同处在西夏东方和南方的北宋联合起来,才可能形成对西夏的大包围形态,但金人覆灭辽和北宋,并占领黄河流域的大片土地后,西夏就完全处于强悍的金朝的包围之中。

作为西夏新宗主国的金朝，在其灭辽覆宋的一连串战争行为中，表现出积极进取、暴力开拓的野心勃勃，对西夏而言，无疑是难以应付的可怕对手。因此，后期西夏的地缘安全态势是非常不利的。

此外，由于南宋政权彻底退出了黄河流域，这就使得地处西北边陲的西夏突然失去了曾经长期从北宋政权那里获得的重大经济利益，同时也失去了吸收先进的中原文化的主渠道，凡此种种，使得西夏王朝的发展受到重大打击，濒临停滞。

西夏统治由盛而衰的年代，正是蒙古在漠北兴起的年代，西夏自仁宗以后，面临着来自蒙古的严重威胁，而皇室内部又一再出现了皇位的篡夺。夏国依附金朝八十年，巩固了它的封建制统治。随着皇位的一再更迭，夏国时而附金抗蒙，时而降蒙侵金，终于和金朝一起，先后被蒙古所灭亡。

西夏后期，西夏王朝进入到封建社会的较高发展阶段。一方面，西夏社会生产力有了一定程度的提高；另一方面，不断战争成长起来的这个王国政权，其社会生产力是非常薄弱的。随着封建制度在西夏的确立和发展，政府统治机构日渐扩大，中央和地方的官吏人数众多，常备军员额也非常巨大，同时作为精神统治者的僧侣群遍布西夏全境，他们养尊处优地过着寄生生活，将庞大的生活开支沉重地压在人民的肩上，人民生活倍感艰辛。

西夏大德五年（1139年），夏崇宗乾顺死，儿子仁孝嗣位，即夏仁宗。这一年，金、宋议和，金朝曾以河南、陕西地归还宋朝。不久和局突然发生变化，金人收夺河南、陕西地区，西夏依然处于金国的包围之中。此后，西夏与南宋长期处于隔绝状态，双方交往极少。夏仁宗惧怕金朝的强势，对金外交态度表现为屈服和恭顺。但这种态度却激起了西夏契丹族将领夏州统军萧合达的不满，萧合达作为原辽朝皇室的姻亲，在西夏屡立战功，被赐予西夏王室的国姓。他不满西夏卑躬屈膝，臣服金朝，西夏大庆元年（1140年），在夏州举兵叛乱。萧合达遣使到阴山一带联系契丹余部，以复兴辽朝作为号召，分兵四处略地，进围西平府（灵州），并攻陷了盐州，"据盐池，发仓库，尽掠诸州所牧地，游骑直逼贺兰，兴州大震。"这次以契丹人为核心的叛乱，类似于唐朝的安史之乱，其后虽然为静州统军任得敬所平定，但这次叛乱极大地破坏了西夏的政治稳定和社会经济。

夏大庆四年（1143年），三月，首都兴庆府地区发生大地震，接着又连续发生余震，人畜死亡数以万计。同年七月，开始出现严重的大饥荒，人民无食，纷纷起来暴动，多者万人，少则五六千，西夏地方军队无力镇压。西夏皇室对此非常恐惧，夏仁宗采取两面手法加以应对，他一方面命令地方当局对灾民进行赈济，以分化和瓦解起义队伍；另一方面又任命任得敬率大军进行残酷镇压，最终将各地起义镇压下去。

借着镇压各地起义的军功，任得敬集团逐渐在西夏政坛崛起。任得敬原是宋朝西安州（今宁夏海原县西）的通判。夏兵进攻西安州，任得敬率领军民投降，遂权知州事。他把女儿献给夏仁宗为妃，并经常贿赂朝廷显贵，终于使他的女儿被封为皇后。不久，任得敬便被任命为国相，由此，以外戚身窃弄权威，穷兵黩武。他的几个弟弟也都先后担任要职，任氏家族把持了西夏的军政要职。任得敬还不满足，要夏仁宗封他为楚王，他还阴谋统治瓜州、沙州，连同已经控制的灵州、夏州，成为西夏的国中之国。夏仁宗基本同意了任得敬的要求，并遣使上报金国。但金世宗认为无故封国土给权臣，这很反常，一定是受到权臣的要挟，因此没有同意。

任得敬受到金朝的制约，怀恨在心，私下遣使宋朝，请求宋朝的援助，谋求自立，但消息走漏。夏仁宗发觉了任得敬的阴谋，于是设计诱捕处死了任得敬，又任命著名儒学家斡道冲为国相，这才基本挽救了危局。

任得敬分裂夏国，是西夏历史上的大事件。它的出现并非偶然，是夏崇宗以来推行"崇文重法"、以儒治国的治国方针所招致的消极后果。

夏仁宗是一个汉族文明的爱好者，在其五十四年的统治中，在西夏国内进行了系统而全面的儒学的教育和推广活动。不过一系列的"崇儒""尚文"的政策，显然又把党项人的崇实尚武的固有精神削弱了。同时，粉饰太平的形式主义作风也日渐繁盛，这更加反映出西夏统治阶级走向腐败堕落的程度日渐加深。在西夏后期统治阶级社会中，争权夺利、贪污贿赂已经成为普遍的风气。为此，夏仁宗曾经下令"大禁奢侈"，一纸命令固然不会产生什么效果，但却充分暴露出以前质朴、勤劳、刚劲、勇敢的西夏社会上下，由于统治集团的纵情声色，已经把上述良风善俗彻底破坏了。

第三节
蒙古南侵和襄宗篡位

天盛十七年（1165年），夏仁宗皇后罔氏病死。天盛十九年（1167年），夏仁宗立汉人罗氏女做皇后。罗后生子嵬名纯祐。乾祐二十四年（1193年），夏仁宗病死。儿子嵬名纯祐继位做皇帝（桓宗）。仁宗的弟弟嵬名仁友，因为此前诛杀叛臣任得敬有功，被仁宗封为越王，天庆三年（1196年）十二月，嵬名仁友病死，他的儿子嵬名安全请求承袭王爵，但被桓宗拒绝。史料记载嵬名安全为人阴险狠毒。嵬名纯祐有些觉察嵬名安全的险恶，于是将他派往甘州地区。地处河西走廊中端的甘州，是河西走廊最富庶的城市，其北控居延，南接凉州，西连青海北部草原，是丝绸之路上连接中原和西域的节点，地理位置极为重要，嵬名纯祐正是因为考虑到嵬名安全的皇族身份，才将他派到如此重要的地区。但嵬名安全不但不领情，反而因此对皇兄心生怨恨，他依靠甘州丰

饶的物产和丰美的草场，开始积极积蓄实力，准备叛乱。

其后不久，夏州一家农户养的一头猪生下了一个怪胎，长得像古代的怪兽，这家农户还把这头怪兽献给朝廷。嵬名安全听到这个消息后，偷偷地让人算了一卦，卦象显示，这个国家会出现两个王。嵬名安全一听大喜过望，进一步加快了政变篡位的步伐。

这时的蒙古高原，正在进行着激烈的斗争。蒙古孛儿只斤乞颜部长铁木真战胜了泰亦赤兀、塔塔尔和克烈部落，克烈部长脱斡邻的儿子亦剌哈桑昆逃入西夏。天庆十二年（1205年），铁木真消灭乃蛮部后，借口西夏接纳了他们的仇人桑昆，于是统率骑兵向西夏进军。

其实，铁木真进攻西夏的主要原因，还在于他非常看重西夏的战略地位。西夏是连接中原和西域的要冲咽喉。丝绸之路穿过西夏西部，尤其是从辽河流域沿阴山经居延海到达天山南北的"居延路"，横跨西夏北部，自汉唐以来，从居延海地区沿着弱水南下进入河西走廊的通道，就是从漠北进入中原地区的最佳路线。蒙古军队如果控制这一地区，可以很便捷地南下中原，或者西征西域。所以居延地区成为蒙古进攻西夏的首要目标。

三月，蒙古军攻破西夏北部力吉里寨。蒙古军在这里遭遇了此前他们从未遇到的城市攻防战。和征服游牧民族的草原战争不同，西夏边城的坚固高大，城墙上暗藏的无处不在的弓弩，都对蒙古军构成了严重威胁。从此以后，蒙古军着意改进战术，逐渐适应和学会了农耕地区的战术战法，为日后进攻中原打下了基础。但作为一个游牧民族的杰出领袖，成吉思汗"特别厌恶城市和城市居民，他制造了一连串恐怖的屠城血案，往往是斩尽杀绝，一个不留"。

四月，蒙古军在夏落思城大掠人口、牲畜而回后撤军。西夏渡过了这次危机，桓宗纯祐兴奋之余，把都城兴庆府改名为中兴府。希望西夏在他的统治下，再次复兴强盛。

应天元年（1206年），铁木真在蒙古斡难河畔建国，称成吉思汗。以成吉思汗为首的蒙古奴隶主开始了大规模地对外侵略的时期。而在这一年，西夏国内也发生了篡夺皇权的政变。

夏天庆十三年（1206）正月，镇夷郡王嵬名安全经过蓄谋已久的准备，在罗太后支持下，突然发动政变，废除桓宗纯祐，自立为帝（襄宗），改元"应天"。桓宗被废后，在三月间突然死亡，年三十岁。六月，罗太后遣御史大夫罔执中去金朝，上表说："纯祐不能嗣守，已与大臣议立安全。"请求金朝赐予册封。金朝派使者来夏，询问废立的原因，罗太后再次上表请求册封。金朝见木已成舟的事实无法改变，在嵬名安全篡位九个月后，金章宗正式册封嵬名安全为西夏国王，承认他皇位的合法性。不过，外交上对夏国极为冷淡，经济上也取消了对夏国的封赐，而嵬名安全继续依附金朝，以抗御蒙古。

西夏国内的政变也给蒙古再次进攻西夏提供了借口，应天二年（1207年）秋，蒙古再次发兵侵掠西夏，经过四十天苦战，攻下兀剌海城，攻城过程的艰辛让成吉思汗下令屠城。夏襄宗调集右厢诸路兵抵抗。蒙古兵在西夏攻掠五个月，因为供给不足而退兵。应天三年（1208年），成吉思汗再度发兵进攻西夏，因为侧翼的安全，很快退兵。

应天四年（1209年）三月，成吉思汗发动第三次进攻西夏的战争。蒙古军自黑水城（哈拉和托）北兀剌海关口，攻入夏境。夏襄宗派皇子承祯为主帅，大都督府令公高逸为副，领兵五万抵抗。夏兵大败，高逸被俘，不屈被杀。蒙古军很快攻入城内，西夏太傅西壁讹答率军巷战，最后也被俘。蒙古军队攻入兀剌海城，西夏的北部防线被攻破，马过阴山，蒙军很快逼近西夏国都的外围克夷门。七月，蒙古进攻克夷门，夏襄宗派嵬名令公领兵五万抗敌，嵬名令公利用有利的地理条件，击退蒙兵。两军相持两月。七月间，蒙古设伏诱敌，西夏军大败，嵬名令公被俘。蒙军攻破克夷门，进围夏都中兴府。

中兴府被围，襄宗亲督将士登城守御，蒙古兵不能攻破。九月间，值天大雨，河水暴涨。蒙军修筑堤坝，引河水灌城，城中居民淹死无数。但随着河水越来越大，蒙古人修筑的堤坝也被水冲毁。蒙军只好暂时撤退。成吉思汗派被俘的西壁讹答进入中兴府劝降。

西夏选择向金朝求援兵。金朝接到西夏的求援后，群臣展开争论，不少有远见的大臣呼吁，不如乘机和西夏内外夹攻蒙古，消灭蒙军的有生力量。否则，失去西夏这一支牵制蒙古的有生力量，金朝将很快遭到蒙军的进攻。金帝卫王允济对群臣说："敌人相攻，是我国之福。"拒不出兵。十二月，河堤决，城墙将塌陷，河水四溃。嵬名安全只好答应蒙军的要求，向成吉思汗称臣，允诺愿意为成吉思汗征战效犬马之劳，成为成吉思汗的右手。西夏愿意将境内的骆驼、毛毡、猎鹰等进献给蒙古，并且襄宗献女给成吉思汗，"夏主纳女请和"，蒙古退兵。

嵬名令公在克夷门被俘，成吉思汗数次派人说降，嵬名令公被囚在土室，坚持不屈，襄宗降蒙，蒙古放还嵬名令公。

这次胜利的征战，对蒙军而言，第一，拆解了金夏同盟，为日后各个击破，分别消灭西夏、金朝除创造了条件；第二，让习惯了马背作战的蒙古军队学会了在沟壑纵横的平原地区作战的方式方法；第三，消灭了西夏军队的精锐主力，为第二年进攻金朝乃至日后进攻西域减少了后顾之忧。

第四节
神宗附蒙侵金

皇建二年（1211年），西夏再次发生了皇位更迭的事变。这年七月，皇室齐王嵬名遵顼废襄宗嵬名安全，继立为帝（神宗），八月，嵬名安全死。现存史料没有留下关于这次皇位更迭过程的记录，但安全的儿子嵬名承祯不能继立，显然是皇族内部又一次的权位争夺。

齐王嵬名遵顼是嵬名彦宗的儿子。嵬名彦宗在任得敬当权时被排斥在外，贬守凉州。任得敬被杀后，彦宗被召入朝，为马步军太尉，病死，谥齐忠武王。嵬名遵顼年少时力学，博通群书。桓宗天庆十年（1203年）廷试进士第一，袭封齐王，又升为大都督府主，统领军兵。遵顼即帝位时，年已四十九，是西夏皇族中一个很有威望的人物。

蒙古围兴中府，金朝拒不出兵，金、夏关系开始破裂。遵顼即位，不再向金朝求册封，面对着蒙、金两大势力，夏国由前朝的附金抗蒙转变为附蒙抗金了。

神宗遵顼即位不久，即派兵万骑攻金，围金东胜城，金派大兵来援，解围。这年冬季，蒙古进兵围金中都，金朝危急。夏神宗乘机侵入金泾州、邠州，又进围平凉府。光定二年（1212年）三月，金朝主动派使臣册封遵顼为夏国王。直到年底，遵顼才遣使谢封，但仍然继续进攻金朝。光定三年（1213年）六月，夏兵攻破金保安州，围庆阳府。八月，破金邠州。十二月，破巩州。光定四年（1214年）八月，攻庆、原、延安诸州。光定五年（1215年）十月，攻破金临洮府。

光定六年（1216年）秋，成吉思汗出兵侵金。西夏出兵配合作战，攻延安、代州，进而破潼关。十一月，夏神宗又乘胜派兵四万余，围攻金定西城，战败而回。十二月，金兵反攻西夏，分兵攻打盐、宥、夏、威、灵等州。夏神宗分道派兵抵御，金兵不能前进。

光定七年（1217年）正月，西夏又应蒙古的征调，派兵三万随蒙古兵攻金，大败于宁州。蒙古西侵花剌子模，再次向西夏征兵。西夏大臣阿沙敢不对蒙古使臣出言不逊，竟然挖苦成吉思汗："气力都不足，怎么能有资格做大汗呢？"在这样一位强硬派大臣的支持下，嵬名遵顼拒绝了成吉思汗的出兵请求。成吉思汗听闻后，说道："这么挖苦我，他们还想活命吗？"但因为要集中兵力

西征花剌子模，所以，对西夏的征讨暂时停止。

但成吉思汗让留守的大将木华黎"选择时机，征讨西夏"。光定七年（1217年）冬，蒙古发兵渡河攻打西夏，十二月，长驱直入包围中兴府，嵬名遵顼坚守二十天后，惊慌逃走，出奔凉州，留太子德任守中兴府。

蒙古军队继续加大攻城力度，西夏无奈再次派人前往蒙军中求和。由于攻城旷日持久，不能成功，加之蒙军主力已经西征花剌子模，因此，蒙军接受了求和的要求，退兵而回。

夏神宗遵顼按照金朝兴起时西夏附金扩土的经验，企图附蒙侵金。蒙古不断向西夏征兵和侵掠，使西夏蒙受严重的损失。光定八年（1218年）二月，神宗启用主张附金抗蒙的秘书监苏寅孙为枢密都承旨。三月，神宗写信给金保安、绥德，商请恢复边地互市，与金朝谈和。金宣宗不许。神宗联金不成，又在光定九年（1219年）二月，派枢密院都招讨使甯子宁去四川与宋朝守将联络，企图联宋侵金。这时，金宣宗正在发兵渡淮，分道南侵宋朝。宋朝军民展开了守土抗金的斗争。宋利州路安抚使丁焴写信答复西夏联兵抗金，但宋兵并未如约出兵。光定十年（1220年）初，甯子宁再次写信向四川质问，五月间，宋四川安抚使安丙正式写信给西夏，定议宋、夏同时出兵，夹攻金兵。

夏国得到宋朝的支持，光定十年（1220年）八月，发兵万人围攻金会州，攻破会州城，金守将乌古论世显投降。关右大震。

金宣宗向夏国请和，夏神宗不许。九月，甯子宁与嵬名公辅领兵二十万攻打金巩州。宋安丙派张威、王仕信等分道进兵，攻下定边城，与夏兵会于巩州城下。夏宋联合作战，约定夏兵野战，宋兵攻城。金行元帅府事赤盏合喜派兵据守。夏兵攻城不下，只好退军，又遇金朝伏兵邀击，伤亡甚大。十月，宋安丙再约夏兵攻秦州，夏兵不再出战。

夏国联宋侵金不成，仍处在蒙古威胁之中。光定十一年（1221年），蒙古木华黎部由东胜州渡黄河经西夏攻金，再向夏国征兵。这年夏天，木华黎向西夏提出借道攻打金朝葭州的要求。这引起了嵬名遵顼的极大恐慌，他认为这是蒙古军企图再次进攻西夏的信号。他派大将塔海在河套地区宴请木华黎，犒劳蒙军。由此得知，蒙军的主要意图还是侵金，没有进攻西夏的打算。

这样，神宗派塔哥甘普领兵五万归木华黎指挥，向葭州、绥德州进军。这是西夏历史上一次大规模地派兵参加蒙古作战的军事行动。在西夏军队的协助下，蒙古军在十月就攻破了葭州。木华黎为了防备西夏军乘机夺回这个金、夏边界的要冲，也为了日后更好地从东边攻取西夏，便派手下大将石天应留守葭州。十月，蒙古军攻绥德，再向夏征兵。神宗又派大将迷仆领兵和蒙古军汇合，帮助蒙古人打下了绥德和延安等地。其后，嵬名遵顼又加派八万大军随同蒙古作战，蒙古方面却对这些"友军"进行招降，西夏大将也蒲甘卜率军投靠了木华黎，这部分西夏军队大部分没

有回归到西夏,而成为蒙古军队的一支。

夏国自投附蒙古以来,遭受着沉重的压榨和威胁。夏国每次应征出兵为蒙古作战,都要遭到重大的伤亡,损失惨重。神宗附蒙侵金的政策,越来越引起人民的不满。统治集团中联蒙与联金两种主张也在展开激烈的争论。乾定元年(1223年),神宗派太子德任领兵侵金。德任说:"金兵势尚强,不如和他讲和。"神宗说:这不是你懂的事情,德任坚持联金,拒不领兵。四月,神宗废掉德任的太子位,把他囚禁在灵州。

光定十二年(1222年),蒙古又命西夏军由葭州攻金陕西,西夏军在质孤堡被金兵击败。乾定元年(1223年)春,蒙古木华黎进兵凤翔,神宗发步骑十万随蒙古军攻城,不下。夏兵见势不利,不告蒙古,先行逃回。蒙古军迁怒于西夏,当年10月,就派兵围攻了西夏刚从金手中夺取的积石州。后来由于金军组织力量反击,包抄蒙军后方,蒙古军才从积石州撤去。但嵬名遵顼却想乘机从金的手中夺取巩州(今甘肃陇西县)。

十月,蒙古兵在夏积石州侵掠而去,神宗仍要聚集兵力侵金。御史中丞梁德懿上疏说,国家用兵十余年,田野荒芜,民生涂炭。虽妇人女子都知道国势已很危险,可是朝廷大臣还在清歌夜宴。太子毅然陈大计,献忠言,是出于不得已。请诏太子还宫复位,就会使臣民悦服,危者得安。劝他认清当时形势,蒙古军迟早要灭掉西夏,希望嵬名遵顼走联金抗蒙的外交路线。神宗当面予以斥责，罢去梁德懿的官职，继续做蒙古攻金的帮手。但进攻金朝的战争屡遭挫败，毫无进展。

这年，蒙古木华黎已在山西闻喜病死，子孛鲁继续领兵。成吉思汗已指令孛鲁准备领兵灭夏。夏国面临着亡国之祸。夏神宗附蒙侵金的国策彻底失败，眼看无法统治下去了。光定十三年（1223年）十二月，神宗在上下反对声中，不得不宣告退位，传帝位给次子德旺（献宗），自称"上皇"。

第五节
联金抗蒙和西夏的灭亡

献宗即位，改变国策，派遣使者与漠北诸部落联络，企图结为外援，牵制蒙古，以便于西夏据守。同时派人前往金国，希望和金恢复昔日的战略同盟。成吉思汗得悉西夏"阴结外援，蓄异图"的消息，暗中将主持中原战局的大将孛鲁招到西域，密令他伺机出兵，将西夏的图谋消灭在萌芽之中。

乾定二年（1224年），西征归来的成吉思汗展开了对西夏的报复行动。在回归途中，围攻了西夏西北边境的沙州。但是遭到西夏将领籍辣思义统领的沙州军民的顽强抵抗。蒙古军围攻数月，却未能攻克，成吉思汗担心西夏援军的到来，于是下令孛鲁、黑马率领蒙军从河东出发，攻打西夏东部的银州。而沙州在内无粮草，外无援兵的困境中，城中百姓杀牛、羊、骆驼解燃眉之急。蒙古军采用地道战术，试图破城，被籍辣思义发现，在地道口放火，终于再次击退蒙古军。

九月，东线的蒙古军越过黄河，不久，蒙古兵攻破银州，西夏军数万人战死，俘获牲口、牛羊数十万，夏将塔海兵败被俘。西夏国都再次告急。嵬名德旺不得不派人前往成吉思汗帐前请降。

西夏经李鲁这次打击，决计变侵金为联金。同年十月，采纳右丞相高良惠策，遣使去金朝议和。次年八月，献宗派吏部尚书李仲谔、南院宣徽使罗世昌、尚书省左司郎中李绍膺等去金朝定和议：金、夏为兄弟之国，各用本国年号，双方互相支援。这时的金朝已处在亡国前夕，兵虚财尽，早已经武力援夏抗蒙了。罗世昌出使金朝回来，对献宗说"金朝的援助不足恃"，劝献宗自强，献宗不听，罗世昌被罢官，流寓龙州。

这时，经过连续七年的远征西域、东征金国的一系列军事胜利，成吉思汗在64岁高龄时，将征伐的目标再次指向西夏。这是他对西夏的第六次进攻。蒙古方面以二十二年前西夏接纳蒙古仇人桑昆、迟迟不送质子去蒙古、西夏大臣阿沙敢不讽刺成吉思汗没能力当大汗，以及西夏拒绝了蒙古征调军队协助西征等理由，于宝义元年（1226年）秋冬之际，发动了进攻。成吉思汗决定分兵两路，东路军由成吉思汗亲自带领，以黑水城为主攻方向。西路军由阿塔赤带领，重点进攻祁连山东麓的河西走廊地区，首先进攻沙州。然后两军会合，合围中兴府。

一、黑水城保卫战

黑水城是一座很有名气的河西走廊历史名城，和它所在的居延海地区，一起构成了防御北方游牧民族的边防要塞。汉代以来的历代戍边将士在黑水城广修水渠，将黑河水引入当地农田。西夏政府在黑水城设立了监军司，从出土的西夏文献来看，这里的居民不仅有党项人，还有汉人、回鹘人、契丹人、鲜卑人和吐蕃人，是一个多民族聚居的城市。经过西夏王朝的苦心经营，黑水城成为连接西夏和西域的经济中心与军事重镇。一旦黑水城被蒙古军攻破，蒙军就会对西夏形成东西夹击的态势，所以，失去黑水城就意味着砍断了整个王朝的一只脚。

经过此前的数次战争，黑水城的居民已经被完全动员起来，1224年，蒙军开始试探性进攻。宝义元年（1226年），蒙古军对黑水城展开了决定性进攻。全城居民抵抗三个月，十万将士全部战死，城市沦陷后，蒙古军对整个黑水城进行了屠城报复。

黑水城之战后，成吉思汗率军迂回向东，在阿尔巴斯山围猎时，坠马受伤，发起了高烧。在此情况下，蒙军内部有了和谈和退兵的声音。成吉思汗于是派使者来到西夏国都，对西夏君臣进行战略恐吓，要求西夏臣服。这时，西夏大臣阿沙敢不却突然站出来抗争，出言强硬，我西夏有贺兰山做营地，银川、西凉这个聚宝盆,你们蒙古是战是和,悉听尊便。

　　蒙古使臣听完后立即返回,向成吉思汗做了汇报。尽管成吉思汗发着高烧,但听了这番话后说道,既然如此,那还能退兵吗?即便我死在这,也要满足这位大臣的愿望。随后,成吉思汗率军直抵贺兰山西部的阿拉善地区,驻守此地的西夏将领正是阿沙敢不。两军交战,西夏大败,阿沙敢不被俘,西夏俘虏全被屠杀。但成吉思汗的伤情进一步加重,这里炎热的气候蒙军也极不适应,只好退兵避暑,等待与蒙古西路军回合。

二、沙州保卫战

　　攻打沙州的蒙古西路军大将阿答赤率军与维吾尔亦都护配合,进军沙州,先派遣忽都铁木耳与昔里钤部前往招抚。夏守将籍辣思义结合当时双方力量对比实在悬殊,且西夏守军没有外援的被动局面,决定伪降,派使节前往蒙古军中请降,准备了大量丰盛的食物犒劳蒙军。忽都铁木耳前往纳降,突然遭到袭击,几乎被俘,这次诈降激怒了阿塔赤。蒙军受挫后全力攻城,籍辣思义坚持拒守。蒙古军在夜间挖地穴攻城,籍辣思义在地穴中放火,蒙军多死。蒙古军经过月余的强攻,才攻下了沙州。巨大的攻城代价,让蒙古军队恼羞成怒,阿塔赤下令屠城,这种灭绝性的做法在此后攻克的西夏城市中不断上演。

三、肃州保卫战

这年五月,西路蒙古军开始进攻肃州。夏军坚守不降,蒙军决定采取诱降策略,西夏守将举力杀献城投降,但蒙古军还是因为久攻不下而怒气未解,依然决定屠城。先前投降成吉思汗的昔里钤部是举力杀的兄长,他害怕屠城时,自己的家人遭到屠杀,就向攻城的蒙古军首领求情,这样仅仅昔里钤部的亲族一百零六户得到赦免。

蒙古军对西夏屡次采取屠城这样的野蛮手段,主要有以下几点原因:一是对攻城巨大伤亡的报复心理;二是蒙古军人数有限,无力分兵长期驻守;三是造成西夏内部的心理恐慌,迫使西夏城市人口大量逃亡,从而减少攻城的阻力,另一方面,也有利于以较少的兵力控制广大的被征服地区。总而言之,蒙古军的屠城确实在客观上削弱了西夏的抵抗力量。

四、甘州保卫战

西路的蒙古军继续向南进攻,目标是甘州,甘州守将曲也怯律有一个儿子叫察罕,早年就投靠了蒙古,在蒙古作战英勇,屡立战功,因此被成吉思汗收为养子。这次察罕随军出征,他写了一封劝降信给父亲,派使者前往招降。但事情败露,被人发现。

夏国副将阿绰等联络军中三十六位将领杀蒙古使者及曲也怯律一家，率城中军民并力抵抗。这时，成吉思汗率东路军赶来，两军会合，强攻甘州，经过激烈交战，甘州城破，西夏军队全部战死。成吉思汗想屠城，但被察罕极力劝阻，使得这个西域佛城幸免于难。

五、中兴府的沦陷与西夏灭亡

蒙军继续沿着河西走廊南下，长驱深入，将目标指向河西走廊最南端也是最后一个大城市，西夏陪都凉州。西夏守将斡扎箦此时已成惊弓之鸟，不战而降。这样，蒙军攻占了整个河西走廊。

消息传到西夏国都中兴府，震动了整个西夏皇族。宝义元年（1226年）五月，六十四岁的上皇神宗病死。七月，献宗也惊忧而死，年四十六岁。献宗的侄子、南平王嵬名睍被拥立继位。这时，夏国已经处在灭亡的前夜，夏国军民展开了抗蒙救亡的最后战斗。

成吉思汗自西凉府继续进兵，穿越腾格里沙漠，至黄河九渡，一举攻下西夏的应里州（今宁夏中卫沙坡头一带）。十一月，成吉思汗亲率大军围西夏东部重镇灵州，夏帝睍派遣老将嵬名令公率十万夏兵渡河迎战。这时的黄河已经结冰，双方在厚厚的冰面上展开决战，波斯拉斯德《集史》记载："战斗的激烈，是蒙古人在作战中所少见的"。西夏将士虽然拼死作战，但双方实力的差距是明显的。西夏军的伤亡达到蒙军的十倍以上。最后，嵬名令公带领残部退守灵州，不久，灵州城破，守将佐里战死，灵州被蒙古攻占。被贬到灵州的废太子嵬名德任被俘后不肯投降，被蒙军处死。

宝义二年（1227年）春，成吉思汗留兵攻中兴府，自己率师渡河，攻积石州，进入金境。二月，破临洮府。三月，破洮、河、西宁三州。

帝晛被蒙古军围困在中兴府，外援断绝。右丞相高良惠激励将士，日夜拒守，积劳成疾，僚佐劝他自爱。高良惠慨叹说，我世受国恩，不能消除祸乱，敌人深入到如此地步，活着还有什么用？高良惠带病指挥抗敌，四月，高良惠病死。夏国失去丞相，更加困难了。五月，成吉思汗自隆德州至六盘山避暑，派遣使者察罕去中兴府劝帝晛投降，被帝晛拒绝。

中兴府被围半年，城中粮尽，军民患病者众。六月，又发生地震，宫室都被破坏，夏国粮尽援绝，走投无路了，帝晛向蒙古请降，要求宽限一月献城。七月，成吉思汗在军中病死。帝晛出降，被蒙古军杀死。蒙古军入中兴府屠城，西夏抗蒙军民遭到残酷的杀掠。西夏立国一百九十年，最后灭亡了。

蒙夏战争持续二十三年，可见西夏并非不堪一击。究其原因，有以下几点。

其一，从历史发展的趋势看，蒙古兼并西夏，有其历史发展的必然性。从唐末五代以来，伴随着中原地区形成的藩镇割据局面，中国历史进入了一个相对混乱的时期，其后，形成了辽与北宋政权的两强对峙，和其后辽、北宋、西夏三足鼎立的局面，再其后，就是金灭辽和北宋，进而形成金、南宋、西夏、西辽四强并列的据面，这段历史也被后世史学家称为中国历史上第二个南北朝时期，时间跨度三百余年，长久的分裂对峙局面带来了长久的战争和破坏，各政权统治阶级内部，早已经腐朽不堪，政治腐败、经济凋敝，各族人民从心底盼望着中华大地能够重新形成统一、和平、富强的新政权。因此，作为新生力量和大一统方向的执行者，漠北蒙古以其积极进取、善于学习、活力十足的特点，拥有一支战无不胜、攻无不克的军事力量，成为打破割据均势、次第消灭割据政权的天降大任的最终决定力量。因此，蒙古灭西夏是大一统历史发展的必然趋势。

其二，西夏后期，统治阶级内部矛盾的激化，也为蒙古创造了难得的机会和条件。西夏最后灭亡的短短二十三年，就先后更换了四个皇帝，差不多五年换一个，表明统治阶级内部的钩心斗角、尔虞我诈已经到了何种激烈的程度。频繁更换皇帝，也说明西夏内部对究竟是要联合金朝抗击蒙古，还是要联合蒙古打击金朝的根本国策，犹豫不决、举棋不定，进而内部频繁发生权力斗争。这就更为蒙古灭西夏创造了难得的机遇。

其三，就是西夏战略决策的重大失误。西夏在蒙古威逼下，

被迫采取附蒙侵金的战略，使得自己失去了金朝这个最大的后援国，陷西夏于孤立无援的艰难处境。而且在侵掠金朝的十余年间，不仅败多胜少，而且损耗了大量的人力物力和财力，更加削弱了本来就不宽裕的国力，最终因为无力抵御蒙古的进攻而亡国。

其四，蒙古执行了正确的灭夏战略战术。成吉思汗根据西夏的首都在东部，兵力部署内重外轻、东强西弱的特点，采取了由远及近、由表到里，先弱后强的进攻策略，先扫清外围，切断西夏的退路，然后集中优势兵力，猛攻西夏的腹心之地。在具体的攻城战中，采取攻坚与诱降并用，以削弱西夏的抵抗意志。一代天骄成吉思汗在灭夏战争中表现出高超的军事指挥才能。与此相对应的是西夏方面在蒙军的攻势面前，毫无章法和有效的对策，头痛医头、脚痛医脚，处处被动挨打。

纵观整个西夏历史，就是一部党项人在强敌环伺的险恶环境下，顽强生存、发展、壮大乃至建国的历史。成吉思汗一生灭国四十，将七百多族群纳入蒙古帝国版图，但在征服西夏的过程中，却遭受了前所未有的曲折和困难，经历二十二年，六次征伐，亲自率军征伐的就有四次。然而直到生命终结，也没有看到西夏投降。由此可见西夏政权的顽强坚韧。

西夏灭亡前夕，各地的数万名将士、王室成员、工匠、高级僧侣、皇妃宫女、高级官员，突然一夜消失。这一直是西夏历史研究的一个谜团。据当代最新研究成果，其中一支流入中原，他们后来被安顿在唐、邓、申、裕等州。另外一支以党项人为主的蕃族,主要从事畜牧业,他们赶着牲畜,向着广阔的南方开始了漫长的迁徙,经过数千里的跋涉,在今天四川省甘孜藏族自治州的木雅地方(今康定县拆多山以西,雅砻江以东,乾宁县以南,九龙县以北的地区)定居下来,建立了一个小政权;至今在本地的藏族居民中留下传说,他们把这个小政权的首领叫作"西吴王",实际也就是"西夏王"的称号。这一批从战火中逃奔出来的西夏群众,他们选择的路线,据推测,最可能的一条就是南渡洮河,横越松潘草原,沿着金川河谷南下,经丹巴、乾宁到达木雅的。因为这一条路线,沿途有着丰美的水草,对大队人马的旅行不致成为问题。1253年元世祖南下进攻大理,蒙古骑兵便是渡洮河,分作三路,通过四川省西北部草原地带向南推进,最后才会师云南。其所穿越过的吐蕃境域可能就留有西夏流亡者的足迹。这个事实证明了大队人马在这一地区的通行完全是可能的。因此,木雅地区至今留存着西吴王时代的遗迹和故俗。西吴王的子孙凭借着这个边地小政权,与蒙元王朝平行共存一个世纪之后,在明太祖统治时期,因为帮助明朝平定四川有功,明成祖永乐六年(1408年),被授封为长河西鱼通宁远军民宣慰使司,直到清康熙三十九年(1700年),因为绝嗣才停止世袭。这个古代的边地政权,正如辽亡后耶律大石西征缔造的西辽一样。木雅的西吴王政权,前后经历了四百七十余年,如果加上西夏王国的本身及其先

世所主持的夏州政权合并计算,便超过整整八个世纪,像这样一线相承,约近千年的地方政权,在中国历史上实为罕见,因而这个问题也是值得我们去研究探索的。